ESSAI

ANALYTIQUE

SUR LES LOIS NATURELLES

DE L'ORDRE SOCIAL

par le vicomte

L. G. A de Bonald

(d'après Barbier)

ESSAI

ANALYTIQUE

SUR LES LOIS NATURELLES

DE L'ORDRE SOCIAL,

OU

DU POUVOIR, DU MINISTRE

ET DU SUJET

DANS LA SOCIÉTÉ.

« Toutes les vérités morales sont enveloppées
» les unes dans les autres, et la méditation
» parvient tôt ou tard à les en extraire ».

CH. BONNET.

A PARIS.

1800.

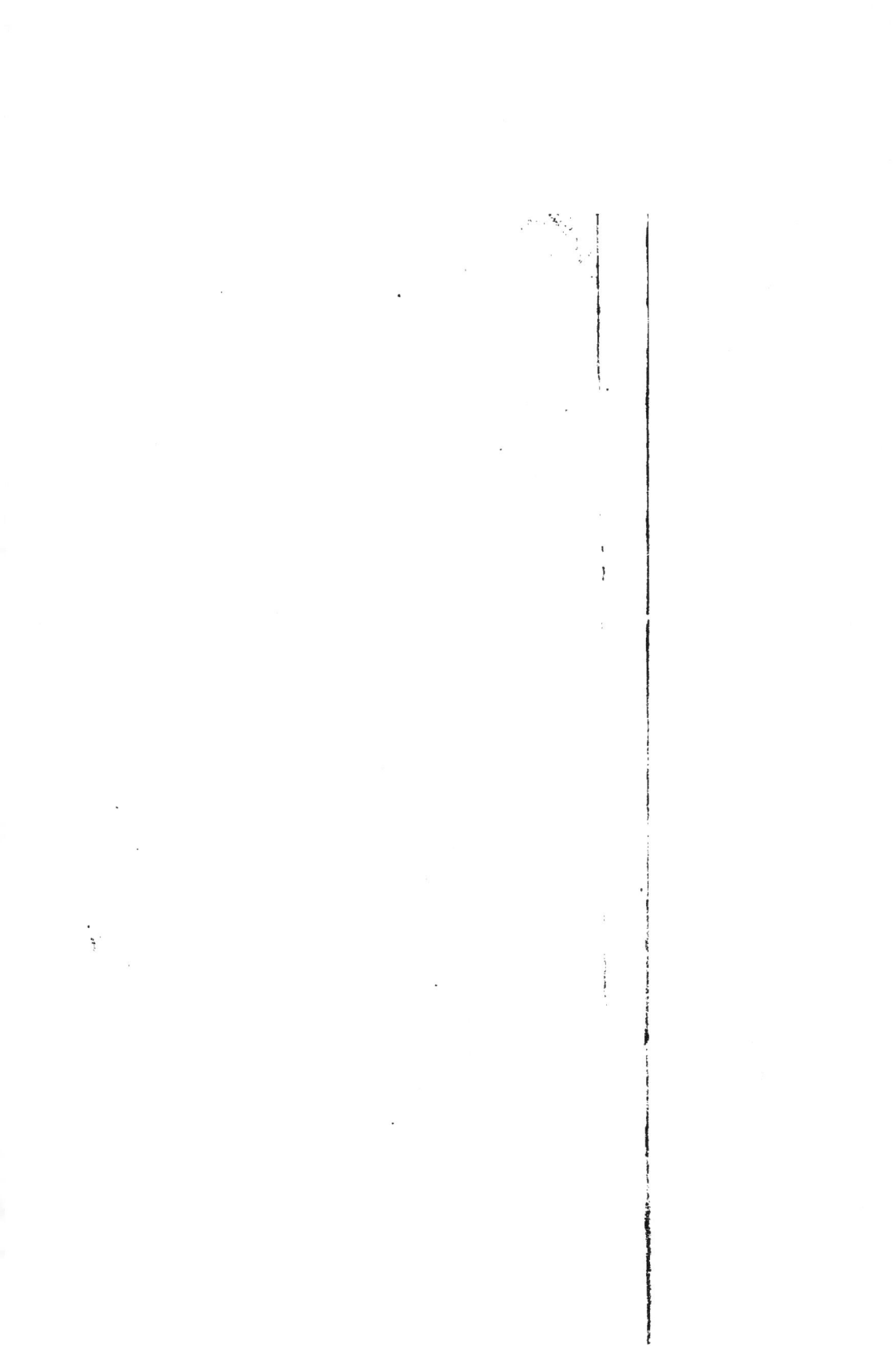

DISCOURS

PRÉLIMINAIRE.

TOUTE société est composée de trois personnes distinctes l'une de l'autre, qu'on peut appeller *personnes sociales*, POUVOIR, MINISTRE, SUJET, qui reçoivent différens noms des divers états de société : *père*, *mère*, *enfans*, dans la société domestique ; *Dieu*, *prêtres*, *fidèles*, dans la société religieuse ; *rois* ou *chefs suprêmes*, *nobles* ou *fonctionnaires publics*, *féaux* ou *peuple* dans la société politique ; raison métaphysique de la première, seconde et troisième personne de tous les temps du verbe dans toutes les langues de ce mot, disent les grammairiens, appellé *verbe* ou *parole* par excellence, parce qu'il exprime *l'action*, c'est-à-dire l'être intelligent, seul être qui *agisse* puisqu'il est le seul qui fasse sa propre volonté. Or, l'être intelligent étant l'être social, il est naturel qu'on trouve dans la société

A

la raison des règles fondamentales de son expression ou du discours, comme l'on y trouve la raison essentielle de son être.

Un homme qui n'a écrit et parlé que dans des circonstances remarquables, demandoit en 1789 : *Qu'est-ce que le tiers?* expression qui désignoit alors en France la personne du *sujet.* Je demande aujourd'hui : *Qu'est-ce que le pouvoir* et le *ministère*, appellés alors en France et encore aujourd'hui dans d'autres états *royauté* et *noblesse?* Et comme la question proposée par cet écrivain annonçoit qu'une révolution alloit commencer, la question que je traite annonce qu'une révolution va finir ; car le *sujet* commence toute révolution, et le *pouvoir* la termine; et c'est là la pensée de Montesquieu, lorsqu'il dit : « Les troubles en » France ont toujours affermi le pou- » voir ».

L'auteur de la question *qu'est-ce que le tiers?* parloit du peuple, et devant le peuple : il calculoit le nombre des hommes

plutôt qu'il n'observoit leurs rapports res-
pectifs dans la société. Les passions en-
tendirent ce qu'il ne disoit pas, et même
ce qu'il ne vouloit pas dire. Son ouvrage
eut une vogue rapide, et accrut l'effer-
vescence. Je parle du petit nombre, et
j'en parle au petit nombre. Je considère
les rapports sociaux, et non les proportions arithmétiques; j'attends le succès de
mes idées de la raison et du temps. « Il
» faudra du temps, dit quelque part
» Duclos, parce que cela est raison-
» nable ».

Je considère donc le POUVOIR dans la
société comme L'ÊTRE qui a le VOULOIR
et le FAIRE pour la conservation de la
société, être public dont la *volonté* publique s'appelle LOI, quand elle est connue de tous, et dont l'*action* publique,
exécution de cette volonté, s'appelle
CULTE dans la religion, GOUVERNE-
MENT dans l'état, quand elle est exercée
sur tous (1).

---

(1) On dit dans le langage ordinaire *la volonté* de
la loi, *l'action* du gouvernement.

Cette *action* sociale s'accomplit par deux devoirs ou fonctions, celle de JUGER et celle de COMBATTRE; fonctions publiques ou générales sous lesquelles sont comprises toutes les fonctions particulières, puisque tout se réduit, pour la société, à découvrir ce que veut la loi, ce que j'appelle JUGER, et à écarter les obstacles qui s'opposent, au dedans comme au dehors, à l'exécution de la loi connue : ce que j'appelle COMBATTRE.

Ces fonctions, étant générales et devant être exercées sur un grand nombre d'individus, et dans une infinité de lieux et de circonstances, ne peuvent être remplies que par un nombre proportionné d'agens, *fonctionnaires* publics, *ministres* du pouvoir, c'est-à-dire *serviteurs*, suivant la force du mot latin *ministrare*.

Je n'entends donc pas par *ministres*, les hommes chargés de diriger une partie quelconque de l'administration publique, guerre, police, finançe, etc. : ce ne sont, à proprement parler, que des *secrétaires d'état*, et c'est ce titre qu'ils portoient en France et qu'ils portent encore dans d'autres états. Je n'entends pas non plus, comme dans les anciennes cours de justice, par *ministère public* les fonctions *censoriales*, exercées près les tribunaux par les *procureurs-généraux*, *solliciteurs-généraux*, et encore par les *accusateurs publics ;* mais j'entends l'ensemble, le corps des hommes qui *jugent* et qui *combattent* par les ordres du POUVOIR, pour accomplir sur le SUJET l'action conservatrice de la société ; et c'est dans ce sens que l'on dit les *ministres* de la religion ; *ministère public, institution* ou plutôt *établissement naturel*, puisqu'on le retrouve sous différens noms dans toute société, et à toute époque de la société ; établissement *nécessaire*, parce que le pouvoir dans la société ne peut pas plus exister sans ministres que la société exister sans pouvoir.

Royauté , *noblesse* , *tiers-état* , mots proscrits en France , ne s'appliquent qu'à un certain état de *pouvoir* , de *ministère* , de *sujet* , c'est-à-dire qu'à un certain état de société. Mais *pouvoir* , *ministère* , *sujet* conviennent à toutes les espèces , à tous les états, à tous les âges de la société , depuis l'état natif ou sauvage , où les plus âgés sont ministres pour *juger* , et les plus jeunes ministres pour *combattre* , jusqu'à l'état civilisé ou naturel , dans lequel , à cause du nombre des hommes , de l'étendue du territoire , de la diversité des intérêts et de la multiplicité des professions , le devoir de *juger* et de *combattre* forme une profession distincte, et l'occupation habituelle, ou la fonction spéciale de certains individus , ou même de certaines familles. Car , dans toute société sauvage ou civilisée , religieuse ou politique , domestique même ou publique , il y a une première personne sociale qui *veut* l'action productive ou conservatrice des êtres qui forment société , et qui la *fait* par le *ministère* d'une seconde personne pour l'avantage d'une troisième, terme ou *sujet* de l'action ; ensorte que sans cette hiérarchie de *pouvoir* qui *veut*, de *ministre* qui *fait* par les ordres du *pouvoir*, de *sujet* qui *reçoit*, et qui est le terme de la volonté et de l'action, sans cette *trinité* de personnes (qu'on me permette cette expression nécessaire) on ne peut pas même concevoir une société.

Si je me sers des mots *pouvoir*, *ministre*, *sujet*, là où il semble que j'aurois dû employer les mots *royauté*, *noblesse*, *tiers-état*, c'est parce que ces expressions générales conviennent naturellement à la manière générale dont j'envisage la société, et non par aucune crainte injurieuse à une autorité forte qui ne s'allarme pas d'un mot usité, et indigne d'un écrivain indépendant qui ne redoute pas d'employer un mot nécessaire. Ainsi, je me servirai des mots anciens et particuliers pour exprimer l'état précédent et particulier de la France, et d'expressions générales lorsque je traiterai de la société en général et de cet ordre de choses sur lequel l'homme, tôt ou tard, finit par s'accorder avec la nature.

Et remarquez ici la supériorité réelle et en quelque sorte intrinsèque des expressions générales sur les expressions particulières. *Royauté* ne signifie étymologiquement que direction, *à regere*, et cette direction peut être fausse et nulle par conséquent : *noblesse*, *à notabilis*, signifie des personnes qui doivent se faire remarquer par leurs vertus, et elles peuvent n'être remarquables que par des vices : *peuple* a sa racine dans le mot *populare*, ravager, dévaster ; et de là vient que dans le grec, *multitude* est synonyme de *mauvais*, de *méchant* (1). Mais *pouvoir* dit à l'homme qui en est revêtu qu'il ne *peut* que pour *vouloir* et pour *faire* le bien, puisque le mal est

_____

(1) Voyez dans les notes sur Aristote, traduction de *Champagne*, les autres synonymes du mot *multitude*.

l'action des passions, c'est-à-dire du défaut
du pouvoir, de l'impuissance, *impotentia*,
iræ, amoris, impotens, comme disen tles
Latins, et qu'il cesse réellement de *pouvoir* quand il cesse de *vouloir* et de *faire*
le bien. *Ministre* ou *serviteur* dit à ceux
qui sont dévoués à l'être, qu'ils ne sont
établis que pour le service de leurs semblables ; que le caractère dont ils sont
revêtus est un engagement et non une
prérogative, et qu'ils se méprennent
étrangement sur leur destination dans la
société, lorsqu'ils se regardent comme
élevés au-dessus des autres par la supériorité du rang, tandis qu'ils n'en sont
distingués que par l'importance des devoirs. *Sujet* enfin dit à tous qu'ils sont
le terme d'une action sociale et conservatrice, dont le but est de défendre
l'homme des erreurs de sa volonté et de
la tyrannie de ses passions, pour le faire
jouir de sa véritable liberté, et le conduire à sa nature, qui n'est autre chose
que la perfection dont son être est sus-

ceptible; et que sous ce rapport, l'homme
ne pouvant être bon sans être éclairé
dans sa volonté et dirigé dans son action,
il est vrai de dire qu'il ne peut être libre
sans être *sujet.*

Je traite donc de la société qui est la
science des rapports d'*ordre* entre les êtres
moraux, comme les *analystes* traitent
des rapports de *quantité* (numérique ou
étendue) entre les êtres physiques. *a* , *b* , *c* ,
y , *x* , leur servent à exprimer la collection même indéfinie des proportions de
nombre et d'étendue , et sont par cela
même propres à recevoir et à représenter
toutes les dénominations de quantités
particulles et finies. *Pouvoir, ministère, sujet* expriment aussi la généralité , *même
l'infini* , dans les rapports possibles entre
les êtres qui forment société , et sont
susceptibles de dénominations particulières , différentes suivant le génie des
langues , l'espèce et l'état de chaque société. On peut pousser plus loin le pa-
rallèle.

Comme tout dans l'univers est *être* ou *néant*, l'algèbre a ses quantités positives ou possibles, et ses quantités négatives ou impossibles ; elle opère sur les unes comme sur les autres par des procédés absolument semblables, dont l'analyste apperçoit l'impossibilité par le signe de négation dont ils sont affectés. De même dans le monde social ou moral, où tout est *bien* ou *mal*, on trouve des rapports faux qui divisent les êtres à la place des rapports vrais qui les unissent. On trouve par exemple, des tyrans à la place du pouvoir, des satellites à la place du ministère, des esclaves à la place des sujets ; et l'on a en dernier résultat, une société *négative*, si l'on peut le dire, constituée pour le désordre et la destruction, à la place d'une société *positive*, constituée pour l'ordre et la conservation, et l'on prouve la nécessité de celle-ci par l'impossibilité de celle-là.

Qu'on ne s'étonne donc pas du point de vue, nouveau peut-être, sous lequel

j'envisage les objets ; après tant de siècles
de faits religieux et politiques , et tant
d'observations sur les religions et les gouvernemens particuliers , il devient nécessaire pour les intérêts les plus chers de
l'humanité , de s'élever jusqu'à la con-
templation des lois même de l'ordre , et
de considérer la société en général , par
le même procédé de l'esprit humain et
la même raison qu'après avoir long-temps
marché dans les sciences exactes , à l'aide
de la géométrie linéaire et de l'arithmé-
tique, il est devenu nécessaire pour aller
plus loin , de considérer la quantité en
général , et d'inventer *l'analyse*.

De cette *théorie* simple et dont l'histoire offre à toutes les pages une juste et
vaste application , on déduira comme des
formules algébriques , des maximes générales par lesquelles on résoudra les
problêmes que présentent les événemens
de la société , passés et même futurs. Car
le monde moral est gouverné comme le
monde sensible , par des lois générales et

constantes, qui, dans un temps donné,
reproduisent des effets semblables, parce
qu'elles agissent par des causes et avec
des moyens semblables, et l'homme moral qui, de la pleine puissance de son
libre arbitre, et par des volontés particulières et trop souvent désordonnées,
contrarie, dans son cours passager, un
ordre général dont il ne sauroit troubler
l'immuable durée, est semblable à l'homme physique qui se meut à tout instant
d'un mouvement particulier, contraire
au mouvement général de la planète qu'il
habite, sans l'arrêter ni même le déran-
ger, et qu'elle emporte dans l'*espace*,
même lorsqu'il se fixe dans un *lieu*.

Il suit naturellement de cette manière
générale de considérer le pouvoir et le
ministère dans la société, que je cherche
la meilleure constitution possible de l'un
et de l'autre, sans avoir égard aux dispositions personnelles des hommes, pouvoir, ministres ou sujets, dispositions
que l'administration seule doit prendre

en considération. Ainsi, la théorie des
lois mécaniques calcule d'une manière
absolue et générale les mouvemens, les
forces et les résistances , et laisse à la
pratique de l'artiste à tenir compte de
l'imperfection des instrumens et des qualités relatives des corps.

Je regarde donc comme erronée l'o-
pinion, que les lois doivent être accom-
modées à l'imperfection des hommes et
condescendre à leur foiblesse ; tandis au
contraire que la loi, règle suprême et inflexible de nos volontés et de nos actions,
nous est donnée pour soutenir par sa
force notre foiblesse , et redresser nos
penchans par sa rectitude. Je crois que
les lois foibles ne conviennent qu'aux
peuples naissans , et qu'elles doivent être
plus sévères à mesure que la société est
plus avancée , parce que pour la société,
comme pour l'homme, les rapports s'é-
tendent et les devoirs se multiplient à
mesure que l'âge augmente. Je pense
enfin , que l'homme de la société domes-

tique ne peut parvenir à la perfection
dans les mœurs, qu'autant que l'homme
de la société publique parvient à la perfection dans les lois , *perfecti estote* , et
que les révolutions, ces grands *scandales*
du monde social , résultat *nécessaire* (1)
des passions humaines que le pouvoir néglige de réprimer, deviennent entre les
mains de l'ordonnateur suprême , des
moyens de perfectionner la constitution
de la société, et rentrent ainsi dans les
lois générales de sa conservation, comme
les comètes, malgré l'excentricité de leur
orbite , l'apparente irrégularité de leurs
mouvemens , et le long intervalle de
leurs apparitions , soumises à l'observation et au calcul , rentrent dans les lois
générales du système planétaire.

Ce sont donc ces lois générales du
monde moral que j'ai cherché à déterminer dans un autre ouvrage dont celui-
ci n'est à quelques égards que l'extrait et

---

(1) *Necesse est ut veniant scandala.*

l'abrégé, comme Képler et Newton ont
cherché à découvrir et à calculer les lois
générales du monde physique, lois générales de l'ordre entre les êtres moraux
auxquelles la société obéit, même lorsque les passions de l'homme semblent
contrarier sa marche et suspendre ses
progrès. Ainsi, un corps lancé conserve
la tendance à aller en ligne droite, même
sous l'obstacle qui le détourne, et re-
prend sa direction lorsque l'obstacle vient
à cesser. Je n'indique donc pas à l'autorité ce qu'elle doit *faire*, la nature *fait*
assez; mais plutôt ce qu'elle doit empêcher, car l'homme fait toujours trop, et
j'aurai, ce me semble, bien mérité de la
société, si montrant au pouvoir le but
auquel il doit tendre invariablement,
j'épargne au sujet les hésitations, les tâ-
tonnemens de l'homme qui cherche sa
route, la rencontre quelquefois, et faute
de la connoître, l'abandonne aussitôt et
s'égare le plus souvent.

Je n'ignore pas l'éloignement qu'ins-
pire

pire à des personnes estimables pour tout
ce qu'elles appellent métaphysique , l'a-
bus qu'on en a fait de nos jours et qui a
produit tant d'erreurs et de crimes. Peut-
être aussi qu'une pente secrette au matérialisme , particulière à ce siècle, arrête
l'esprit à la considération des effets sensibles et le détourne , même à son insçu,
de s'élever à la recherche des causes ;
car la métaphysique bien entendue n'est
que la science des causes et la connoissance des lois de leur action (1). Cepen-

_____

(1) Les métaphysiciens modernes qui , dans l'univers
moral, ne voyent d'autre être intelligent que l'homme,
ont mis toute la métaphysique dans la science de ses
idées , qui n'en est qu'un chapitre assez court, et l'ont
nommée *idéologie*; science des idées plus bornée qu'on
ne pense , et sur laquelle nous saurons tout ce qu'on
peut savoir, lorsque réunissant les deux systèmes extrêmes de Mallebranche et de Locke étendu par
Condillac, de l'un qui veut que nous voyions en Dieu
toutes nos idées, des autres qui veulent que nous les
recevions *toutes* par le canal de la matière ou des
sens ; et ôtant à chacun ce qu'il a d'exclusif et de trop
absolu, nous jugerons, que les idées générales ou simples qu'on peut appeller *sociales* , parce qu'elles sont
les élémens de toute société, *raison* , *justice* , *bonté* ,
beauté , etc., etc., se voyent en Dieu , puisqu'elles

B

dant, je dirai au philosophe chrétien, que
la religion qu'il professe est le plus vaste
système de métaphysique , puisque le
fondement en est la croyance d'une
cause universelle, et quelle métaphysique
plus haute que celle de ses premiers in-
terprêtes, saint Jean et saint Paul ? Je

---

sont l'idée de Dieu même considéré sous ses divers
attributs , ce que les idées collectives et composées ,
que j'appelle *individuelles*, parce qu'elles font image ,
ou naissent dans chacune de ses sensations , viennent à
notre imagination par les sens : et cependant que nos
idées même simples doivent beaucoup aux sens , puisqu'elles leur doivent le signe qui les exprime et les
réveille, le signe ou mot , sans lequel nous ne pour-
rions en entretenir les autres , ni même nous en entretenir avec nous-mêmes ; et que les idées les plus
composées doivent aussi beaucoup au pur intellect ,
puisqu'il les reçoit et combine leur rapport avec les
idées simples. Là, j'ose le dire, est toute l'*idéologie*,
tout le reste sur le développement des idées et des
opérations de l'entendement humain , si longuement
traité par Condillac, est sans intérêt , sans utilité ;
et peut-être est-il impossible à l'esprit de s'expliquer lui-
même, tout seul, et sans recourir à un autre être que
lui, comme il l'est à notre corps de s'enlever lui-même
sans prendre au dehors un point d'appui. . . . . .

dirai au philosophe qui rejette le christianisme pour ne suivre que sa raison
particulière , que tous les hommes à
conceptions , depuis Platon jusqu'à Ch.
Bonnet , ont aimé et cultivé la métaphysique. Or , ce sont les hommes à conceptions qui ont éclairé le monde, et ce sont
les hommes à imagination qui l'égarent
et le troublent. Au fond , il y a de la
métaphysique dans tous les ouvrages d'esprit, depuis les méditations de Descartes
jusqu'aux poésies de Dorat, comme il y
a de la mécanique dans tous les ouvrages
d'art, depuis les ancres des vaisseaux, jusqu'aux mailles imperceptibles des chaînes
de montres. Mais si la métaphysique ne
doit pas se montrer dans les ouvrages
d'imagination, doit-on pour cela trouver
inutile ou dangereux le travail de ceux
qui, rappellant la société à ses élémens,
lorsqu'ils sont oubliés ou méconnus, re-
montent jusqu'au principe de son existence , et indiquent les moyens de sa
conservation ? Notre malheur est d'avoir

voulu constituer la société avec de la métaphysique des hommes à *imagination*,
de Bayle, de Voltaire, de Jean-Jacques,
d'Helvétius, de Diderot, etc. etc., au
lieu d'en chercher les bases dans celle de
Descartes, de Mallebranche, de Leibnitz,
de Bossuet, de Fénélon, etc.; semblables
en cela à un propriétaire qui appelleroit
son vernisseur pour construire la char-
pente d'un édifice.

J'ai supposé l'existence d'une cause première et intelligente contre l'*athéisme*,
opinion absurde, mais sur-tout opinion
désolante, qui ne naît jamais que chez
l'homme enivré par la prospérité, et ne
se répand que chez les peuples abrutis
par l'oppression.

J'ai défendu la nécessité de la religion,
et cependant je connois la défaveur atta-
chée à cette noble cause, et les efforts
que fait depuis long-temps la démocratie
de la médiocrité pour ébranler le trône
de la raison, si glorieusement occupé
par le génie. Encore un peu de temps,

et ces hommes célèbres par leurs vertus
autant que par l'étendue de leurs connoissances et la profondeur de leur esprit, qui
d'âge en âge ont soutenu l'existence d'une
cause première l'immortalité de notre être,
et la nécessité de la société de Dieu pour
fonder la société de l'homme, seront esti-
més comme les seuls et les vrais sages ; et
l'on s'appercevra enfin que les vers passion-
nés de *Zaïre* et la prose brillante d'*Héloïse*
ont fait auprès des imaginations foibles
et crédules tout le succès des sarcasmes
irréligieux et des discussions sophistiques
de leurs auteurs.

J'ai traité à la fois de la société religieuse et de la société politique, parce
que je crois leur union aussi nécessaire
pour constituer le corps civil ou social,
que la simultanéité de la *volonté* et de
l'action est nécessaire pour constituer le
moi humain. Jusqu'à présent on a considéré la religion sous un point de vue
particulier, et relativement à l'individu
dont elle doit régler les mœurs : à l'a-

venir on la considérera encore sous un
point de vue plus étendu , et relativement à la société, dont elle doit régler et.
sanctionner les lois, en donnant ce qu'on
ne peut trouver ailleurs, une *raison* au
pouvoir de commander, et un motif au
devoir d'obéir.

Et non-seulement la religion (je parle
de la religion chrétienne) affermit la
constitution des états, mais elle facilite
l'administration des peuples, parce que
présentant à tous de grandes craintes et
de grandes espérances, et réunissant, par
les liens d'une charité fraternelle , des
hommes que séparent des inégalités personnelles et des distinctions sociales, elle
rend le commandement plus débonnaire
et la dépendance moins chagrine ; semblable à ces matières onctueuses qui dans
les machines compliquées produisent la
force sans effort , le mouvement sans
bruit , et diminuent les résistances en
adoucissant les frottemens.

C'est là l'incontestable avantage de la

religion sur la philosophie, pour régler
l'homme et gouverner la société, et le
véritable motif de l'insuffisance de l'une
et de la nécessité de l'autre. La philosophie, voisin officieux, qui sans autorité
vient s'immiscer dans les affaires de la
famille, n'a que des conseils à donner, et
se retire s'ils ne sont pas suivis. La religion, comme un père sévère, souveraine
dans la maison, y dicte des lois, parce
qu'à elle appartient la sanction de toutes
les lois, le pouvoir de punir et de récom-
penser. La philosophie, qui sent l'insuffisance de ses préceptes, avide de domination, met, comme les gens foibles,
l'exagération à la place de l'autorité, et
nous crie que la vertu porte avec elle sa
récompense et le crime son châtiment :
elle fait ainsi de la vertu un plaisir, et du
vice une fatigue, un mal-aise, rêves sub-
tils du stoïcien, dont s'accommode si bien
l'heureux méchant, et qui ne sont qu'une
dérision cruelle pour l'homme juste qu'il
opprime. La religion, qui n'outre rien,

parce qu'elle peut tout, nous apprend ce
que nous ne sentons que trop en nous-
mêmes, que la vertu est un combat et le
vice une lâcheté : elle place donc hors de
nous et dans un ordre de choses définitif
et inaccessible à nos passions, le prix du
vainqueur et la peine du vaincu ; idées
analogues à nos jugemens ordinaires, puisqu'elles sont la règle de notre conduite
habituelle envers nos enfans, nos élèves,
nos domestiques, nos subordonnés, dont
nous punissons les fautes, dont nous ré-
compensons le zèle et la fidélité ; idées
raisonnables, donc utiles, donc vraies, et
vraies d'une vérité nécessaire, indépendante des faux raisonnemens que nous
suggère un fol orgueil ; idées générales,
qui sont le fondement de la morale universelle, et dont les conséquences plus ou
moins développées, et trop souvent altérées, font la religion de tous les peuples,

DE LA
SOUVERAINETÉ,
DU POUVOIR,
DES LOIS,
ET DE LEURS MINISTRES.

CHAPITRE PREMIER.

Considérations générales sur l'état présent et futur de la société.

Il s'est élevé de nos jours au milieu de l'Europe chrétienne, au sein même de la civilisation, un état indépendant, qui de l'athéisme a fait sa religion, et de l'anarchie son gouvernement. Armé contre la société, cet état monstrueux a présenté tous les caractères d'une société; son souverain a été un esprit prodigieux d'erreur et de mensonge; sa loi fondamentale, la haine de tout ordre : il a eu pour sujets tous les hommes tourmentés de passions haineuses et cupides;

pour pouvoir et pour ministres des êtres
profondément corrompus , ou miséra-
blement séduits , qui , sous des dénominations, ou des noms à jamais fameux ,
unis par les mêmes sermens , et plus encore par les mêmes forfaits , ont com-
mandé cette terrible *action* avec tous les
moyens du génie , l'ont exécutée avec
le dévouement aveugle du fanatisme.

A peine cette société de ténèbres a-
t-elle été formée , et pour ainsi dire,
constituée , que l'opposition *nécessaire*
et métaphysique entre la vérité et l'erreur , entre le bien et le mal, qui a commencé avec l'être lui-même, et durera
autant que lui, est devenue extérieure et
physique, et que la France , où cet état
infernal s'est un moment rendu visible ,
enivrée *d'un vin de prostitution* et comme
tranportée par une fureur sur-humaine ,
a envoyé ses principes , ses soldats et ses
exemples à l'extinction de toute vérité ,
au renversement de tout ordre , et me-
nacé de l'état sauvage l'univers civilisé.

Le pouvoir de l'anarchie est détrôné ,
et les armées de l'athéisme ne sont plus;

mais les exemples survivent aux succès et les principes aux exemples. Une généraration a commencé dans la haine du pouvoir et dans l'ignorance des devoirs, elle transmettra aux âges suivans la tradition funeste de tant d'erreurs accréditées, le souvenir contagieux de tant de crimes impunis ; et les causes de désordre, toujours subsistantes au milieu de la société, y reproduiront tôt ou tard leurs terribles effets, si les pouvoirs des sociétés n'opposent à ce profond système de destruction leur force infinie de conservation, si pour rendre à leur action sociale son efficace toute-puissante, ils ne reviennent à la constitution naturelle des sociétés ; si enfin ils ne déploient toute la force des institutions publiques, pour combattre, pour arrêter les funestes effets des institutions occultes (1).

C'est sur-tout en France qu'il est possible, qu'il est nécessaire de ramener le pouvoir et ses ministres à leur constitu-

(1) Lisez les mémoires pour servir à l'histoire du jacobinisme, par Barruel.

tion naturelle, c'est-à-dire, de constituer
la société. La France a toujours servi de
modèle en bien comme en mal aux autres
nations; et seule peut-être en Europe,
elle est dans la situation où doit être
une société pour se constituer définitive-
ment ou parfaitement, parce qu'elle est, je
crois, la seule qui soit parvenue aux li-
mites que la nature a marquées à son
territoire. Une nation arrivée à ce point
ne doit plus, ne peut plus même avoir
d'ambition que celle de s'y maintenir,
ni se constituer qu'en état défensif contre
l'ennemi du dehors, et plus encore contre
l'ennemi intérieur, l'esprit d'orgueil et
de révolte qui enchaîné, mais jamais détruit, toujours présent à la société parce
qu'il est toujours vivant dans l'homme,
entretiendra jusqu'à la fin, dans le sein
de la société, comme dans le cœur de
l'homme, une guerre intestine et opi-
niâtre. Car, qu'on ne s'y trompe pas: la
société est un véritable état de guerre,
de la vertu contre l'erreur, du bien contre
le mal, de la nature qui veut la société
de tous, contre l'homme qui tend à s'i-

soler de la société, ou plutôt à se faire à
lui seul sa société, et le nom de *Dieu
des armées* que prend l'être créateur et
conservateur du genre humain, ne signifie que le Dieu des sociétés.

Nous touchons à une grande époque
du monde social. La révolution religieuse
et politique à la fois, comme l'ont été
toutes les révolutions, est une suite des
lois générales de la conservation des sociétés, et comme une crise terrible et
salutaire par laquelle la nature rejette
du corps social les principes vicieux que
la foiblesse de l'autorité y avoit laissé
introduire, et lui rend sa santé et sa
vigueur première.

Ainsi, la révolution rendra au pouvoir
en France la force nécessaire pour conserver la société, cette force qu'il avoit
perdue à mesure qu'il en avoit méconnu
les véritables agens, et quelquefois exa-
géré l'action. « Les troubles ont toujours
« affermi le pouvoir », dit Montesquieu,
qui observe le fait sans remonter au
principe. Ainsi, la révolution ramenera
l'Europe à l'*unité* religieuse et politique,

constitution naturelle du pouvoir de la
religion , et du pouvoir de l'état , dont
l'a écartée le traité de Westphalie. C'est
en effet dans ce traité à jamais célèbre ,
que fut posé pour la première fois, et en
quelque sorte consacré le dogme *athée* de
la souveraineté religieuse et politique de
l'homme , principe de toutes les révolutions , germe de tous les maux qui affligent
la société , *abomination de la désolation
dans le lieu saint* , c'est-à-dire dans la société soumise à la souveraineté de Dieu.
Ce fut alors que les chefs des nations ,
réunis dans l'acte le plus solemnel qu'il y
ait eu depuis la fondation de la société
chrétienne , reconnurent l'existence publique et sociale de la démocratie politique dans l'indépendance illusoire de la
Suisse et des Provinces-Unies , et celle
de la démocratie religieuse dans l'établissement public de la religion réformée et
du corps évangélique (1) , et légalisèrent

(1). On appelle ainsi dans la constitution germanique
la ligue des princes protestans.

M. Davaux un de nos plus habiles négociateurs à la
paix de Munster , quoique chargé par sa cour de défen-

ainsi en Europe des usurpations de pouvoir religieux et politique qui n'avoient
jusques-là reçu qu'une sanction provi-
soire et précaire dans des états partiels.

Les traités qui, tôt ou tard, mettront
fin à la guerre présente seront, quelle
qu'en soit l'époque , rédigés dans des
principes tout opposés. On y préparera
l'abolition de tous les gouvernemens *po-
pulaciers*, la constitution de l'Europe en
grands états, peut-être même le renversement du mur de séparation, qu'une politique égarée par des haines de parti, avoit
élevé entre certains peuples et l'ancienne
croyance de l'Europe chrétienne. Déja,
nous voyons en Angleterre l'opposition

---

dre les intérêts des protestans d'Allemagne , ne voulut
jamais leur donner le titre d'*évangéliques*, *à moins ,*
écrivoit-il, *que ce ne soit pour avoir détruit l'évan-*
gile, comme on donne à Scipion le titre d'Africain
pour avoir soumis l'Afrique.

On sait qu'Innocent X, par sa bulle du 26 novembre
1648, déclara nul tout ce qui s'étoit fait à Munster et à
Osnabruck au préjudice de la religion catholique. Le
temps, ce révélateur de toute vérité , a déja justifié la
sagesse de la cour de Rome, ou plutôt la prévision de
la religion, et la chûte des démocraties politiques annonce celle des démocraties religieuses.

à l'unité religieuse s'affoiblir, en même temps que par l'accession de l'Irlande, et peut-être par d'autres évènemens qui se préparent, elle devient plus monarchique. La Russie, lasse du despotisme qui, comme dit Montesquieu, *lui est plus pesant qu'aux peuples mêmes*, s'élève à la constitution *une* et naturelle du pouvoir politique par la loi de la succession récemment promulguée ; et l'on apperçoit en même temps dans son gouvernement des dispositions non équivoques à se réunir à l'unité religieuse, à entraîner peut - être l'Orient dans son retour ; enfin, dans la France même, le pouvoir plus *un* cesse de persécuter la religion plus *une*, en attendant qu'il puisse lui prêter son appui; et chaque événement de cette époque à jamais mémorable hâte la révélation universelle de cette vérité fondamentale de la science de la société : que *hors de l'unité religieuse et politique, il n'y a pas de vérité pour l'homme, ni de salut pour la société.*

Le génie le plus vaste, peut - être,

qui ait existé parmi les hommes, Leibnitz,
qui vivoit au commencement de ce siécle,
et qui , placé entre les revers qui affligèrent
la vieillesse de Louis XIV et les troubles
qu'annonçoit la minorité de son succes-
seur , osoit au temps du plus grand épui-
sement de la France, prédire sa grandeur
future , et écrire à son ami Ludolphe
ces paroles remarquables : « Voulez-vous
» que je vous dise plus clairement ce que
» je crains ? C'est que la France réduisant
» sous sa domination tout le Rhin , ne
» retranche d'un seul coup la moitié du
» collège des électeurs, et que les fon-
» demens de l'Empire étant détruits , le
» corps lui-même ne tombe en ruine. . »
Leibnitz traçoit dans ses *nouveaux es-*
sais sur l'entendement humain (1) ces
lignes non moins prophétiques : « ceux
» qui se croient déchargés de l'impor-
» tune crainte d'une providence surveil-
» lante et d'un avenir menaçant , lâchent
» la bride à leurs passions brutales et

_____

(1) Ce profond philosophe faisoit très-peu de cas de
la métaphysique de Locke , qu'il trouvoit *très-mince*
sur la nature de l'ame,

C

» tournent leur esprit à séduire et à
» corrompre les autres ; et s'ils sont am-
» bitieux et d'un *caractère un peu dur,*
» ils seront capables pour leur plaisir
» ou leur avancement de *mettre le feu*
» *aux quatre coins de la terre*, et j'en
» ai connu de cette trempe. . . . . Je
» trouve même que des opinions ap-
» prochantes s'insinuant peu à peu dans
» l'esprit des hommes du grand monde
» qui règlent les autres, et d'où dépen-
» dent les affaires, et se glissant dans les
» livres à la mode, disposent toutes choses
» *à la révolution générale dont l'Europe*
» *est menacée.* . . . . Si l'on se cor-
» rige encore de cette maladie d'esprit
» épidémique dont les mauvais effets
» commencent à être visibles, les maux
» seront peut-être prévenus ; *mais si*
» *elle va croissant, la providence cor-*
» *rigera les hommes par la révolution*
» *même qui en doit naître :* car quoi
» qu'il puisse arriver, *tout tournera*
» *toujours pour le mieux en général,*
» au bout du compte. . . . (*Esp. de*
» *Leibn.*) ». C'est-à-dire pour le perfec-

tionnement du général ou de la société,
opinion conforme au système de ce
grand homme, à cet optimisme religieux
et philosophique que Voltaire n'a pas
compris et qu'il a ridiculisé, et que tant
d'autres ont soutenu et n'ont pas expliqué.

C'es là, et là seulement cette *perfectibilité sociale* que nous annoncent, sans
la connoître, des hommes dont les opinions font rétrograder la société, au
moins par leurs conséquences, jusqu'à
l'état d'ignorance et de férocité, ce que
repoussent, sans l'examiner, des écrivains
qui hâtent les progrès de la société, en
défendant contre l'irruption des barbares
les principes de la morale, de la raison et
du goût ; contradiction remarquable et
qui prouve que l'erreur et la vérité ne
sont souvent que le même objet vu de
deux points différens. Certes, les adver-
saires de la *perfectibilité* sont excusables
de la méconnoître, lorsqu'elle leur est présentée par des hommes qui, en morale,
en politique, en littérature prennent le
monstrueux et l'*inouï* pour le nouveau,
qui croient avancer, lorsqu'ils ne font

que tourner dans un cercle d'erreurs et de folies renouvellées des Grecs, et ne voient de bonheur pour les peuples que les richesses, et de progrès dans la société que les arts.

Je me hâte de passer à l'exposition des principes sur lesquels la société est fondée. Ils sont abstraits comme les principes de toute science : s'ils n'étoient pas abstraits, ils ne seroient pas généraux : s'ils n'étoient pas généraux, ils ne seroient pas principes ; mais l'application sera toujours à côté de la théorie, et les faits particuliers, sans cesse ramenés, rendront sensibles les vues générales.

CHAPITRE II.

Du pouvoir suprême ou de la souveraineté.

J'APPELLE POUVOIR sur la société l'être, quel qu'il soit, qui *veut* la conservation de la société, et qui *fait* pour sa conservation ; l'être qui manifeste une *volonté*, et commande une *action* conservatrice de la société ; l'être, en un mot, qui a, dans la société et pour la société, le VOULOIR et le FAIRE.

Cette définition convient à toutes les opinions, et elle est reçue par tous les publicistes qui distinguent le *pouvoir* en *législatif* ou qui *veut*, et en *exécutif* ou qui *fait*.

Cette définition convient à tous les états de la société, depuis la création elle-même, où un être appellé *Dieu* a, selon les théistes, *voulu* et *fait* toutes choses, *mandavit et creata sunt*, jusqu'à la simple famille, où un être, appellé *homme*, *veut* et *fait* pour la production et la conservation de sa famille.

Dans ce sens, *pouvoir* n'est pas différent de *cause*. De là vient, sans doute, que ceux qui nient l'existence de toute *cause première*, ont une secrète disposition à se soustraire à la dépendance de tout pouvoir public.

Comme l'être qui *pense* et qui *agit* a seul le *vouloir* et le *faire*, seul il *a*, ou plutôt seul il *est* pouvoir, seul il *est*

cause. Les êtres que nous appellons matériels, même ceux en qui nous appercevons un instinct sans *volonté*, et des
mouvemens sans *action*, n'ont que des
facultés, et ne sont qu'*occasion* des effets
qui arrivent (1).

Non-seulement l'être qui pense et qui
agit est seul *pouvoir*, mais il est toujours
pouvoir, par cela seul qu'il est pensant et
agissant. Ainsi, l'homme est toujours et
par-tout *pouvoir* sur lui-même et pour
sa propre conservation, même lorsqu'il
n'est pas pouvoir sur des êtres semblables
à lui.

---

(1) Condillac donne aux animaux *des idées particulières et des idées abstraites*, à la vérité *en petit
nombre*. Il ne peut pas refuser à plusieurs d'entre eux
la faculté d'articuler. Je demande ce que l'homme a
reçu de plus. Ce sophiste, sans imagination comme
sans génie, ne sait embellir ni la vérité, ni l'erreur :
sec et triste, parce que sa doctrine conduit à l'athéisme,
et qu'il confond sous la dénomination commune d'*idées
abstraites*, les idées générales, comme celles d'*ordre*,
de *sagesse*, etc., et les idées collectives de *blancheur*,
d'*acidité*. C'est là le venin de sa métaphysique, digne
du succès qu'elle obtient dans les écoles modernes. Il a
de la clarté et de la méthode dans les idées, par la
même raison qu'un homme sans fortune a de l'ordre
dans ses affaires. Son frère, autre esprit faux, a rempli
d'erreurs sa politique hyp ·hétique.

Ce pouvoir sur soi-même, le premier et le plus rare de tous, qui place l'homme, seul de tous les êtres visibles, *dans la main de son conseil ;* ce pouvoir, égal chez tous les hommes, et par lequel tous les hommes, quand ils ne le laissent pas usurper à leurs passions, sont véritablement *libres et égaux ;* ce pouvoir sur soi, insurmontable à tout autre qu'à Dieu, qui lui laisse sa liberté, même en triomphant de sa résistance ; ce *pouvoir* constitue la dignité humaine, et rend l'homme semblable à Dieu et supérieur à la matière.

Il est à remarquer que l'homme desire plus vivement le pouvoir sur les autres, à mesure qu'il en a moins sur lui-même. De là les troubles que les méchans excitent dans la société.

J'ai parlé de Dieu, et ce mot, *signe de contradiction,* divise les hommes en deux classes, de *théistes,* qui admettent l'existence de Dieu, et d'*athées,* qui la nient ; car où le théiste affirme, l'athée ne fait que nier : c'est un conquérant qui ne laisse après lui que des ruines.

Ces deux opinions ont une liaison trop

immédiate avec les questions qui nous
occupent, pour qu'il nous soit permis
de les passer sous silence.

Les théistes sentent que l'homme est
volonté et *action*. Ils observent en eux-
mêmes toute volonté suivie d'une action
comme de son effet, et hors d'eux-mêmes
toute action déterminée par une volonté
comme par sa *cause* : les *effets* sont sensibles, locaux, successifs, et disposés,
suivant certaines lois, vers une fin qui
est production et conservation. La *cause*
ou volonté n'est ni sensible, ni locale,
ni successive ; on *idée* (1) la cause, on
imagine l'effet, c'est-à-dire qu'il fait *image*
dans notre esprit, ou qu'il existe en
nous une sensation ; car *imaginer* ne

_____

(1) Le mot *idée* nous manquoit. Nous le devons au
célèbre ... ., ou plutôt à son illustre maître.

Les physiologistes modernes nous disent : « La jus-
» tesse de nos conceptions dépend de l'état de notre
» cerveau. Donc le cerveau est la raison de la pensée ».
Ce raisonnement est de la même force que celui-ci :
« La justesse du *tir* d'une arme à feu dépend de la
» rectitude du canon. Donc le canon est la raison de
» l'explosion ». Le cerveau est le moyen actuel de la
pensée, comme le canon le moyen de la poudre.

veut dire qu'*imager*. Les théistes considèrent autour d'eux, et ils perçoivent
par tous les sens un nombre immense
d'effets sensibles, *imaginables* par conséquent, locaux, successifs, *ordonnés* aussi
vers une fin de production et de reproduction. Ils apperçoivent donc tous les
caractères d'une *action* immense, universelle, appellée *univers*, et y *idéent* par
conséquent la raison d'une volonté puis-
sante, universelle, cause première de
tant d'effets.

Cette conséquence est raisonnable,
puisque la raison n'est que la perception
du rapport des causes aux effets et des
effets aux causes, et qu'elle est bon sens
ou génie, selon que les rapports qu'elle
perçoit sont vastes, importans, et nouveaux.

Cet être volonté universelle, cause
première, a été connu de tous les peuples, et exprimé chez presque tous par
un signe monosyllabique, signe le plus
simple de l'idée la plus générale, c'est-
à-dire la plus simple.

Les athées reçoivent aussi par tous les

sens l'*action* des objets extérieurs ; mais
ils ne la supposent *point fait* ou *effet*,
ne savent même *pas* si elle n'est pas
cause, et n'y croient *point* de volonté :
ils ne pensent, pour ainsi dire, que
négativement, ce qui appauvrit leurs facultés intellectuelles, au point que jamais découverte utile à la société ou
vaste conception n'est sortie du cerveau
d'un athée : ils croient *concevoir* une
action universelle sans volonté qui la
détermine, parce que, dans le vague de
la rêverie, ils *imaginent* un mouvement
indéfini sans impulsion qui le commence ;
mais comme la raison humaine, toujours
raison, ou conséquente jusque dans ses
erreurs, ne sauroit se fixer à une opinion
qui contredit le principe fondamental de
toute raison, l'éternelle et nécessaire correspondance de l'effet et de la cause, de
l'action et de la volonté, les athées, non
pas ceux qui affichent leur athéisme, mais
ceux qui le raisonnent, tombent inévitablement dans le pyrrhonisme, nient l'effet
après avoir nié la cause, nient l'action
après avoir nié la volonté, nient l'univers,

nient Dieu, se nient eux-mêmes. Là finit
la raison humaine.

Les athées tiennent donc l'opinion
moyenne entre les théistes qui admettent
effet et cause, et les pyrrhoniens qui
nient l'un et l'autre, ou plutôt qui dou-
tent s'ils nient; et l'on peut remarquer
dans plus d'un genre que les opinions
moyennes, qu'on décore quelquefois du
nom de *modérées*, germent naturellement dans les esprits *moyens* : « Esprits
» *d'entre-deux*, dit très-bien Pascal, qui
» font les entendus; ce sont ceux-là qui
» troublent le monde », parce que la
vérité n'est pas dans le milieu comme
la vertu.

Les hommes, demande l'athée, ont-ils
l'idée d'*infini*, d'*immense*, d'*éternel* ?
Oui. Car ces mots n'auroient pas cours
dans le commerce des hommes instruits,
et comme ces monnoies étrangères qu'on
ne prend que pour la matière, ils ne
vaudroient que par le son, si les hommes
qui se les transmettent habituellement n'y
attachoient une idée; et si ces mots *éternité, immense, infinité, cause première* et

leurs semblables ne signifioient pas ce qu'ils doivent signifier, il n'y auroit aucune différence à les prononcer devant des hommes sensés, ou à dire comme le *médecin malgré lui*, quand il veut parler latin, *ossabundus, potarinum, quipsa, milus.* Mais les hommes ont-ils toutes les idées, ou plutôt l'idée de tous les attributs de l'infini, de l'éternel, etc. ? Non, sans doute ; comme le paysan qui sait ce qu'est un cercle aussi bien qu'un géomètre, et qui en connoît même quelques propriétés, n'en connoît pas, comme le savant, toutes les propriétés : comme les géomètres eux - mêmes connoissoient le triangle et ne connoissoient pas tout le triangle avant que l'on eût trouvé la propriété du rectangle connue sous le nom du *quarré de l'hypothénuse.*

On voit encore qu'on pourroit classer les athées et les théistes, en hommes à *imagination* qui ne veulent admettre que ce dont ils peuvent avoir la sensation ou l'image, et en hommes à *conceptions* qui admettent tout ce dont ils peuvent *idéer* la raison.

Les athées prétendent donc que l'homme a inventé Dieu comme une épouvan-
tail pour asservir les peuples. On leur a
a répondu par des preuves tirées de la
nécessité de l'être, qui ne sont pas à la
portée de tous les esprits, ou par la considération de l'univers dont les philosophes ne veulent pas se contenter. On
pourroit, ce me semble, aller plus loin
et prouver, 1º. que l'homme n'a pas pu
inventer la divinité , parce que l'esprit
de l'homme ne peut combiner que des
rapports entre des êtres déja connus ,
comme son industrie se borne à varier
les formes d'une matière déja existante;
qu'inventer un être , seroit le créer , et
qu'ainsi que l'artiste le plus habile ne
diffère plus du mal-adroit qu'en ce qu'il
donne à la matière des formes plus heu-
reuses , le philosophe le plus profond ne
diffère de l'homme le plus borné qu'en
ce que l'un saisit des rapports justes entre
les êtres, et que l'autre les ignore. Et de là
vient qu'on a trouvé à la fois chez les sauvages les plus abrutis la connoissance de
quelque être bon ou méchant supérieur à

l'homme, ét l'ignorance dés rapports de l'homme avec la Divinité.

2°. Qu'un homme ne peut pas parler aux hommes d'un être qui ne peut pas être, et être entendu d'eux de manière à régler leurs volontés et leurs actions ; car on ne peut parler aux hommes que de ce qu'ils connoissent : l'homme qui instruit développe les rapports et ne donne pas des idées, et l'on ne peut pas plus faire *idéer l'impossible*, que faire *imaginer l'inexistant* (1).

3°. Une autre preuve de l'existence d'un être intelligent supérieur à l'homme, preuve plus sensible et dont le développement offriroit un grand intérêt, est tirée du langage des hommes. La méta-

_____

(1) S'il n'y a en nous aucune vérité antérieure aux leçons de nos maîtres, pourquoi ne puis-je pas dire à un enfant que *la ligne droite est la plus longue entre deux points*, et bâtir sur cet axiome une géométrie inverse et *négative* ? L'expérience redressera l'enfant, dira-t-on. Vous admettez donc l'idée générale d'un ordre immuable, car cette idée est le seul fondement de la certitude *générale* que nous tirons d'expériences particulières, soit qu'elles soient individuelles ou *collectives*, car le *collectif* n'est pas le *général*.

physique moderne a fait un grand pas
en prouvant que l'homme avoit besoin
de signes ou mots pour penser comme
pour parler ; c'est-à-dire que l'homme
*pense sa parole avant de parler sa pen-
sée*, et c'est ce qui fait qu'il s'énonce avec
peine toutes les fois qu'il veut rendre dans
une langue étrangère ce qu'il pense dans
sa langue maternelle. Il en résulte que
l'homme n'a pas pu inventer les signes,
puisqu'il ne peut inventer sans penser,
ni penser sans signes. Ici l'expérience
confirme le raisonnement, puisque nous
voyons constamment la faculté de parler
sans exercice, lorsque la faculté d'ouir
est sans activité. Il faut donc recourir à
un autre être que l'homme pour expliquer, non la faculté d'articuler dont les
animaux même ne sont pas totalement
privés, mais l'art de parler sa pensée,
particulier à l'homme seul et commun
à tous les hommes ; cette vérité sera
tôt ou tard mise dans le jour qui lui convient. Depuis long-temps J. J. Rousseau
y a été conduit en discutant le Roman
absurde de Condillac. « La parole, dit-il ,

» me paroît avoir été fort nécessaire pour
» inventer la parole » ; et de meilleurs
esprits, plus exercés que le sien à ces
hautes spéculations, Bonnet, Hugh-Blair
et Sicard, conviennent « que les philo-
» sophes n'ont fait encore que balbutier
» sur l'objet important de la formation
» du langage », et pensent, ou que le
créateur a communiqué à l'homme les
élémens du langage, laissant à la société le
soin de les développer, ou, ce qui revient
au même, que le *Créateur a fait l'homme
parlant*. (1).

Je reviens à la société. Les théistes
la considèrent aussi comme une grande
action, puisqu'elle est *sensible*, locale,
successive, ordonnée, suivant certaines
lois, vers une fin qui est la conservation
des êtres. Toujours conséquens, ils voient
une volonté sociale qui dirige cette action
sociale, une cause qui produit cet effet.

_____

(1) L'institution des sourds-muets consiste à leur faire
entrer par les yeux les signes que nous recevons par les
oreilles ; jusque-là les sourds-muets ne pensent que
par *images* : c'est ce qui fait qu'on les instruit perpétuellement par le dessin.

Cette

Cette cause, nous l'avons appellée *pou-voir* suprême ou *souveraineté*; et ici naît le dogme de la souveraineté de Dieu, selon les uns, *potestas ex Deo est*, et celui de la souveraineté de l'homme ou du peuple, selon les autres : opinions célèbres, exclusives l'une de l'autre, puisque la raison dit qu'on ne peut pas supposer une cause première sans lui attribuer un pouvoir souverain, et que les faits prouvent que l'opinion de la souveraineté du peuple a toujours suivi ou précédé, dans un état, la propagation de l'athéisme.

S'il y a des athées qui rejettent la souveraineté du peuple, et des théistes qui l'admettent, c'est que les hommes, rarement conséquens, sont presque toujours meilleurs ou pires que leurs opinions.

Les théistes qui ne placent pas la souveraineté dans Dieu, sont les *déistes*, qui ont un nom commun avec les théistes, et des principes communs avec les athées; semblables à ces petits princes qui, placés entre des puissances belligérantes, sont tantôt pour l'une, tantôt pour l'autre,

D

et périssent par toutes deux. Les déistes admettent le Dieu créateur, et rejettent le Dieu conservateur et législateur. C'est encore là une opinion *moyenne*.

Les théistes, ou plutôt le théisme place donc le pouvoir suprême sur les hommes en société, hors des hommes dont il doit régler la volonté et diriger les actions, tel que ce célèbre mathématicien qui, pour soulever la terre, demandoit un point d'appui placé hors de la terre; et l'athéisme place le pouvoir suprême sur les hommes dans les hommes mêmes qu'il doit contenir, et veut ainsi que la digue naisse du torrent.

Le germe de cette dernière opinion est dans une idée fausse sur la société; idée, au reste, qui devoit naître dans un siècle d'*agio*, et chez des esprits que la cupidité a dirigés tous vers les spéculations mercantiles. On a joué sur les mots, et comparé la société politique, société nécessaire, à une société de commerce, qui n'est qu'une association contingente et volontaire, et l'on a prétendu que les hommes avoient mis en commun leurs *intérêts* sociaux , comme ils y mettent leurs *intérêts* pécuniaires, leur *être* comme leur *avoir*. Mais ces politiques de comptoir, qui abondent en Europe, n'ont pas fait attention que, dans une association commerçante, les hommes mettent en commun de la cupidité pour la satisfaire et de l'argent pour en gagner, au lieu que dans la société, ils mettent chacun leur cupidité, leur orgueil, leur ambition, leurs passions enfin, et qu'il doit en résulter un désintéressement général, une obéissance générale, une modération générale, une raison générale enfin qui comprime toutes les passions, et les passions de tous.

Et qu'on ne dise pas que si les hommes portent dans la société leurs passions, ils y portent aussi leur raison et leur bonté ; car s'ils avoient seulement autant de raison que de passion, c'est-à-dire autant de force qu'ils ont de foiblesse, ils n'auroient besoin d'aucun culte, d'aucun gouvernement, d'aucun état public de société. Mais la société publique est le moyen nécessaire de la conservation du genre humain,

puisqu'en elle est le pouvoir qui réprime
les passions destructives des hommes. La
société est donc réglée et ordonnée par
la raison de l'Être suprême, qui est dans
la société, ou plutôt en qui est la société,
comme dans le créateur des êtres et l'auteur des moyens nécessaires de leur conservation ; et bien loin que les hommes
livrés à eux-mêmes eussent consenti à se
placer dans un état qui exige le sacrifice
de leurs passions personnelles ; placés forcément dans cet ordre social, toujours
antérieur à l'existence de chacun, puisqu'il
résulte nécessairement de la multiplica-
tion de tous, ils se refusent à ce sacrifice,
retiennent, chacun à part soi, cette mise
commune, semblables à des associés infi-
dèles, profitent, pour se nuire les uns aux
autres, des affaires qui les rapprochent,
et s'oppriment réciproquement par-tout
où ils ne portent dans la communauté
que ce qu'ils ont chacun de raison et de
bonté.

Ces deux systèmes sur la souveraineté
dans la société, correspondent parfaitement à deux systèmes sur la souveraineté

de l'homme sur lui-même ou sur sa
raison : les uns ne donnent d'autre règle
à sa raison que sa raison même; les autres
lui donnent, dans une loi divine, une
règle supérieure à sa raison.

De là suivent, pour l'homme et pour
la société, deux effets entièrement semblables; l'impossibilité de redresser la raison
humaine si elle s'égare, et le peuple
souverain s'il abuse de son pouvoir : et
parce que tout être irréformable est nécessairement infaillible, puisqu'aucun être
ne peut le faire appercevoir qu'il a failli,
les mêmes philosophes ont été entraînés
à soutenir la rectitude naturelle de la
raison humaine, et l'infaillibilité du peuple, et en sont venus jusqu'à ces deux
principes, l'un religieux, l'autre politique, textuellement avancés et hautement
soutenus par les réformateurs religieux
du quinzième siècle et par les législateurs
révolutionnaires du nôtre; ces deux principes semblables dans le sens et même
dans les termes, et dont je prie le lecteur
de méditer le parallélisme : l'un,

Que la raison des hommes n'a pas

besoin d'autorité *visible pour régler sa croyance religieuse*,

Principe de la révolution religieuse de Luther et Calvin, qui abolit l'autorité visible de l'église, et consacre *le sens privé* et l'inspiration particulière ; l'autre ,

Que l'autorité des hommes n'a pas besoin d'avoir raison pour valider leurs actes politiques,

Principe de la révolution politique avancé par Jurieu contre M. Bossuet, et répété dans les mêmes termes à l'assemblée constituante par des orateurs qui ont péri victimes de ses conséquences.

Les théistes croient au contraire que l'intelligence souveraine donne des préceptes à la raison humaine, et la redresse si elle s'en écarte ; qu'elle donne des lois aux sociétés, et les y ramène, si elles les violent, par les malheurs mêmes qui naissent de leur désobéissance.

CHAPITRE III.

*Du pouvoir subordonné, appellé pro-
prement* pouvoir.

Quoi qu'il en soit des deux systêmes
que nous venons d'exposer sur le pouvoir souverain de *vouloir* et de *faire*
pour la conservation de la société, il est
vrai et dans toutes les opinions, que les
hommes ne connoissent une *volonté* que
par le signe qui l'exprime, et que les sens
transmettent à leur esprit, et qu'ils ne
reçoivent une *action* que par ses effets
sur leurs sens.

Ce sont là les conditions ou lois générales de l'union des deux substances,
êtres ou facultés qui constituent l'homme,
la pensée et le mouvement, la volonté et
l'action, l'ame et le corps; et si cet ordre
étoit dérangé, tous les rapports entre les
hommes seroient renversés, toutes les
lois illusoires et toute société impossible.

En effet, Dieu exécute sa volonté; il

agit donc par les lois générales qui sont
l'expression de sa volonté , comme étant
le résultat des rapports entre les êtres
créés ; et tant que cette volonté subsiste ,
il ne peut rien contre ces lois, parce qu'il
ne peut rien contre sa volonté. Il y a des
lois générales qui gouvernent le monde
sensible, ou des corps, et des lois générales
qui gouvernent le monde social, le monde
des intelligences. Ces lois ne peuvent pas
être opposées les unes aux autres , car
alors Dieu se contrediroit lui-même ; il
n'y auroit plus ni ordre matériel, ni ordre
social ; il n'y auroit plus rien : car les êtres
ne sont que dans un certain ordre, et en
vertu de certaines lois.

C'est une loi générale de l'ordre social
ou moral , que l'homme tel que nous le
connoissons (et nous ne pouvons pas
connoître un homme autre que nous,
ni raisonner dans cette hypothèse), que
l'homme, dis-je, connoisse la pensée par
la parole qui l'exprime ; et c'est une loi
générale de l'ordre physique et du monde
des corps, que cette parole soit manifestée
par des signes que le son transmet à l'ouie

ou que des figures tracées présentent aux
yeux ; et que cette parole soit parlée ou
écrite par des êtres semblables à l'homme
qui parle ou qui écrit.

Dieu, pour faire connoître à l'homme
ses volontés, ne peut donc renverser les
lois qui sont aussi ses volontés ; et il n'y
auroit plus de société possible entre Dieu
et l'homme, si Dieu agissoit par des lois
étrangères à la nature de l'homme, et à
son état présent ou futur. Dieu fera donc
parler ou écrire des hommes pour instruire les hommes ; et de quels autres
moyens, en effet, proportionnés à la
nature humaine, l'Etre suprême pour-
roit-il se servir ? Car, qu'on y prenne
garde, l'homme ne peut pas *imaginer* le
moyen de l'action de la suprême puissance, parce que les sens corporels qui
lui transmettent des images et des sensations, n'ont rien de commun avec l'être
simple. Mais la raison de l'homme peut
concevoir la *raison* des volontés de la
suprême sagesse, parce que la raison
humaine, qui n'est que la perception de
la raison des êtres, est non égale, mais

semblable à la suprême raison, *et faite à sa ressemblance.* Dieu ne pourroit donc instruire les hommes par lui-même, et sans la *médiation* d'êtres semblables à l'homme, qu'en parlant lui-même à toute la société, ou en éclairant chaque individu par une *inspiration particulière.* 1°. Mais Dieu ne pourroit se faire entendre lui-même et immédiatement de tout un peuple à la fois, sans changer les lois ordinaires des sensations humaines, détruire tout libre arbitre par cette action humaine, puisqu'elle s'exerceroit sensiblement sur des hommes, et surhumaine tout à la fois, puisqu'elle seroit constamment contre le système de l'homme; car comme un peuple s'éteint et se renouvelle continuellement, il faudroit supposer, à tout instant et en tout lieu, cette instruction immédiate perpétuellement subsistante dans la société pour l'instruction successive de toutes les générations; supposition évidemment inadmissible, qui, contrariant également la nature de l'homme physique et l'ordre constant des communications sociales, place l'homme hors de la société, ou la société hors du temps.

« Cette intervention extraordinaire, » dit C. Bonnet, ne seroit-elle pas un » miracle perpétuel? et un miracle per- » pétuel seroit-il bien un miracle? et » une pareille intervention seroit-elle » bien dans l'ordre de la sagesse » ?

2°. La supposition que Dieu fasse connoître ses volontés sociales ou générales à chaque individu par une inspiration particulière, laisse la société sans garantie contre l'enthousiasme qui raconte des visions, ou la fourberie qui en invente; et ce moyen individuel et privé ne peut, sans contradiction, être proposé pour règle à la société. C'est ce qui a perdu les sectes protestantes qui, à la place d'une autorité visible *parlante* et *écrivante* qu'elles ont rejettée, ont érigé le *sens privé* et l'inspiration particulière en loi générale et constante de la société; fanatisme insensé, qui peut consacrer toutes les visions et légaliser tous les forfaits !

Les deux moyens de communication

immédiate de Dieu aux hommes, que
nous venons d'exposer, ou d'une pensée
sans parole et par inspiration à chaque
homme, ou d'une parole de l'être incor-
porel, entendue *immédiatement* par des
êtres corporels, sont donc également
contraires aux lois générales de l'ordre
présent et dans lequel nous vivons. Ils
ne sont donc pas ; et c'est proprement
du fanatisme, que de supposer entre les
êtres, comme le fait J. J. Rousseau, des
moyens de communication hors de l'ordre naturel et constant. « Ce que Dieu
» veut qu'un homme fasse, dit-il, il ne le
» lui fait pas dire par un autre, il le lui
» dit lui-même, et l'écrit au fond de
» son cœur. ».
Il y a dans ce passage autant d'erreurs
que de mots. Où sera donc la règle publique et sociale de actions humaines ? Chaque homme sera donc *juge de ce qui est
écrit au fond de son cœur*, puisque seul il y
peut lire. Et sur quelle loi la société pour-
ra-t-elle juger celui à qui Dieu *a parlé
lui même*, ou condamner des actions
dont l'homme assurera avoir lu l'ordre

écrit au fond de son cœur? Comment
dans un état, les tribunaux jugeroient-ils
les coupables, si le prince n'eût intimé à
ses sujets les lois, qu'en parlant à l'oreille
de chacun d'eux?

Les sophistes, comme *Toussaint* et
Helvétius, qui ont nié le pouvoir du père
et les devoirs des enfans, et J. Jacques lui-
même qui a étouffé les sentimens pater-
nels, n'avoient donc sur ce premier objet
des affections de l'homme et de ses obliga-
tions, *rien d'écrit au fond de leur cœur?*
Cette *écriture* peut faire *image* dans une
déclamation et arrondir une phrase, mais
on ne fonde pas la société sur une méta-
phore, et le christianisme qui entend
bien mieux les intérêts de la société,
et l'ordre des relations des êtres entre
eux, loin de nous livrer chacun à
notre *sens privé* et à nos inspirations personnelles, nous défend d'écouter les ré-
vélations *même d'un ange*, si elles étoient
contraires à la parole ou à l'écriture, expression publique de la volonté du souverain, manifestée à la société.

Cette théorie des lois générales de l'ordre moral de l'univers sur lequel je me suis étendu à dessein, est la considération la plus vaste que la méditation puisse offrir aux pensées de l'homme. Le sentiment de la constante régularité de cet ordre général est le fondement de tout ordre particulier dont l'homme ici bas est l'instrument, quand il n'en est pas le ministre, et qui fait que l'homme domestique *travaille* avec la certitude de recueillir le fruit de son labeur, et que l'homme public *agit* avec la certitude qu'il résultera du bien de son action. Je sais que des chrétiens plus pieux qu'éclairés craignent d'ôter quelque chose à la puissance divine, s'ils ne lui accordent que d'être souverainement absolue, et qu'ils voudroient encore qu'elle fût perpétuellement arbitraire ; ils s'indignent dans l'amertume de leur zèle ou dans l'impatience de leur humeur, de voir luire le soleil sur les méchans comme sur les bons ; ils voudroient faire descendre le feu du Ciel sur les villes coupables, et qu'une catastrophe générale punît des désordres particuliers ; mais le vrai phi-

losophe franchit par la pensée le court
espace des lieux et des temps ; il voit
l'ordre éternel, universel, *nécessaire*, do-
minant tout ce qui est temporaire et local,
et l'homme rebelle à ces lois constantes,
ramené à l'ordre par le châtiment, s'il
n'y est pas revenu par le repentir.

Les sophistes qui abusent de tout ont
dit, et sous toutes les formes, que la
prière que l'homme adressoit à la divinité
étoit inutile ou même absurde, puisqu'elle ne pouvoit changer les lois générales de l'univers. Sans doute, l'homme
religieux ne demande pas à l'Etre suprême
de suspendre la marche des lois générales,
mais d'arrêter les effets de ses passions et
de celles des autres qui l'empêchent d'être
en harmonie avec ces mêmes lois générales
qui vont à la vérité sans lui, mais hors
desquelles il ne peut lui-même vivre bon
et heureux. Or, cette demande est raisonnable ; parce que les passions humaines
peuvent être changées ou comprimées ;
puisqu'elles ne sont réglées par aucune
loi, et qu'elles agissent même contre
toutes les lois. Dieu, dira-t-on, connoît

nos besoins. Sans doute, mais il veut que
nous les connoissions nous-mêmes, puisque c'est la première condition nécessaire
pour être soulagé ; il veut sur-tout, que
nous implorions son secours, et ce rapport du sujet au pouvoir est lui-même
une loi générale de l'ordre social, comme
le rapport du pouvoir au sujet. Au reste,
il est conséquent que ceux qui nient que
Dieu ait parlé aux hommes, ne veuillent
pas que l'homme parle à la Divinité,
et qu'ils ne connoissent plus de devoir,
là où ils ne voient pas de *pouvoir*.

Dieu emploie donc des moyens dans
l'ordre de la nature humaine, pour in-
timer aux sociétés humaines ses volontés
suprêmes ; il se sert d'un être humain
pour parler aux hommes, parce qu'il est
naturel, c'est-à-dire dans l'ordre des communications établies, qu'*un* homme parle
pour que *tous* entendent, qu'*un* homme
commande pour que *tous* obéissent ; et
il est naturel encore et conforme aux perceptions de notre raison, que cet homme
envoyé de Dieu pour instruire ses semblables, accrédite auprès d'eux sa mission
divine,

divine, et que toujours conformément à la *nécessité* de la correspondance entre la volonté et l'action, il paroisse le ministre d'une action divine, puisqu'il s'annonce comme l'organe des volontés divines (1).

---

(1) La question particulière de l'action divine ou des *miracles, signe auquel on contredit*, ne peut pas en être une entre les théistes et les athées, puisqu'elle rentre dans la question générale de l'existence de Dieu. Elle est donc uniquement agitée entre les théistes; mais elle seroit aujourd'hui plus éclaircie, peut-être, si l'on eût proportionné l'attaque à la défense, si l'on eût senti que rien n'étoit plus propre à établir la vérité des faits de ce genre que d'en prouver la *nécessité*, je veux dire la conformité aux rapports naturels des êtres en société, et aux lois générales de l'ordre qui les régit; et qu'en même temps que les uns soutenoient par l'histoire ce que les autres attaquoient avec les armes de la critique, ils eussent aussi défendu par des raisons métaphysiques ce que l'on combattoit par des arguties de dialectique.

Cette discussion eût prouvé qu'il y a une raison plus générale, *plus de raison* par conséquent, pour croire, dans une hypothèse donnée, un fait sur-humain, que pour croire un fait purement humain; et c'est uniquement et précisément ce qui fait que les mêmes hommes, des hommes sages, qui ont versé leur sang pour la croyance de l'un, n'auroient mis assurément aucun intérêt à soutenir l'autre.

En effet, étant donnée la raison la plus générale possible, la raison de l'établissement de la société religieuse universelle (et elle existe sous nos yeux), je

E

Ainsi *nécessité* (on sait que ce terme
ne signifie en philosophie que la confor-

---

conçois la raison d'une *guérison* instantanée que le
législateur donne en preuve de la vérité de sa doctrine,
et *j'idée* un rapport juste et naturel entre *action* forte et
volonté sage. A la vérité, je ne vois rien, pas même
de succession de temps, entre la volonté et l'action,
entre le commandement du médecin et la guérison du
malade ; et là où je *conçois* par ma raison une raison
générale, et la plus générale possible à cette volonté,
je n'*imagine* pas, par aucune entremise de mes sens,
le moyen particulier de cette action.

Dans la guérison successive de la même maladie par
les voies ordinaires, je *conçois* une raison, celle de
rétablir un homme d'une infirmité physique ; raison
individuelle et particulière, si je la compare à celle du
rétablissement de l'humanité même de l'état d'ignorance
et d'erreur. Je vois, il est vrai, entre la volonté et
l'action, le médecin et le patient, un *milieu* ou *moyen* :
ce sont des paroles, des *opérations*, des remèdes, du
temps enfin pour tout cela ; mais ce seroit une grande
erreur de croire que j'en conçoive davantage la raison
de tant de parlage, d'instrumens et de matières ; c'est-
à-dire leur rapport avec l'effet produit, et la cessation
plus ou moins prompte de cet état de mon corps appellé
fièvre, inaccessible même aux conjectures ; ni que les
chimistes et les botanistes aient au fond une autre *raison*
à donner que celle de *Molière* de la question : *pourquoi
l'opium fait dormir ?* Et quoique mes sens perçoivent ici
une succession d'hommes et de choses, bien loin d'y
idéer un rapport avec l'effet produit, toutes mes idées
se confondent ; je ne vois plus même des rapports, et
je me perds dans le vague des probabilités, lorsque

mité aux rapports naturels des êtres),
nécessité, 1º. que le souverain donne là

j'observe que les mêmes hommes et les mêmes choses
produisent , dans des cas qui me paroissent semblables , des effets opposés entr'eux comme la vie et la
mort , et que les malades meurent plus souvent qu'ils
ne guérissent ; effets dont l'un est aussi inexplicable que
l'autre. Que le médecin guérisse seul à l'instant et d'un
mot , ou avec une ordonnance, et le secours du temps,
des hommes et des drogues, la raison humaine n'idée
rien , absolument rien du rapport ou *raison particulière* du *moyen* qu'il emploie ; et *toutes choses égales
sous cet aspect*, elle a de plus pour croire ce fait sur-
humain , dans la circonstance donnée, une *raison générale* qu'elle ne peut avoir pour le fait humain, parce
qu'il est évident que le législateur de la société a , pour
opérer la guérison d'un malade, une raison sur-humaine
et bien autrement importante que celle du médecin pour
traiter ses pratiques.

Le témoignage de mes sens ou des sens d'autrui, qui
peuvent, avec certaines conditions, remplacer les miens
(et la société et la vie entière roulent sur cette com-
pensation), me rapportent donc des *mystères* d'un côté
ou d'autre, même des prodiges, c'est-à-dire des effets
dont le rapport est inconnu avec le moyen qui les
opère; et s'il y a *miracle* d'une part, c'est-à-dire action
faite pour une cause divine, générale, sociale, action
où l'Être éternel agit sans succession de temps, l'être
simple sans composition de parties, l'Être infini sans
disposition de lieux, il y a , pour croire ce fait *hors* de
l'ordre commun des faits , mais non *contre* l'ordre
général des possibilités , une raison *hors* de l'ordre
commun des motifs contingens et particuliers , mais

mission, 2°. que le pouvoir *parle* en son nom, 3°. que les sujets *entendent* ses ordres ; trois lois générales, résultat des

---

non *contre* l'ordre des idées générales et nécessaires, et la raison suffisante de croire s'y trouve abondamment ; car il y a plus de raison pour croire le général que le particulier, le nécessaire que le contingent, l'être de Dieu que l'existence de l'homme.

Au reste, il est singulier que les détracteurs les plus acharnés des mystères et des miracles soient les médecins, de tous les hommes ceux qui proposent à notre simplicité le plus de mystères, et qui, à la lettre, opèrent sous nos yeux le plus de prodiges, puisqu'ils ôtent et donnent la vie par les mêmes moyens en apparence, et sans qu'ils puissent, plus que nous, connoître le rapport du moyen employé à l'effet produit ; et c'est ce qui a fait leur réputation de sorcellerie dans un temps, et de science dans un autre.

La résurrection d'un mort appartient à un autre ordre de possibilités, et au système des lois générales de l'ordre futur, état qui n'est pas étranger à l'homme, puisque tous les peuples en ont eu l'idée, et qui n'est peut-être pas impénétrable à la raison humaine ; et Ch. Bonnet a prouvé qu'elle peut aller loin sur ce sujet. Au reste, les sophistes eux - mêmes n'ont pas cru que la durée *indéfinie* de la vie de l'homme, prodige à-peu-près du même ordre que sa résurrection, fût contraire aux lois générales de la nature humaine, puisque Condorcet espère et annonce, dans un ouvrage posthume, qu'on découvrira quelque jour le secret, il n'ose pas dire de ne pas mourir, mais de *prolonger indéfiniment son existence.*

rapports de la nature physique et morale des êtres : donc trois vérités nécessaires, relatives l'une à l'autre, et absolument inséparables, que le plus profond interprète de la science de la société renferme toutes sous cette conclusion courte et pressante: *La croyance vient de l'*ouic. *Comment entendront-ils , si on ne leur* parle ? *comment leur parlera-t-on, si l'on n'est* envoyé ?

Le peuple aussi , quand il exerce sa prétendue souveraineté, envoie des hommes qui se prétendent organes de ses volontés et ministres de son action , des hommes à qui il permet de *vouloir*, et sur-tout *de faire.* Dieu à cause de l'*incorporéité* et de la simplicité de son être, n'agit pas immédiatement et sans *médiateur*, sur l'homme sensible ; le peuple par la raison contraire et à cause de sa multiplicité même, ne peut être entendu quand il parle, ni *faire* quand il se meut; et si les Hébreux persuadés de la disproportion de l'action immédiate de la Divinité à la foiblesse des organes humains, craignoient, nous dit leur historien, que

Dieu leur parlât lui-même *de peur qu'ils ne mourussent*, nous savons, par une expérience récente, que la volonté du peuple souverain prononcée aussi du haut *de la montagne*, avec le bruit du tonnerre et le fracas de l'orage, donne infailliblement la mort à la société où elle se fait entendre.

Les livres révérés des chrétiens confirment par leurs récits, et le paganisme par ses fables, cette croyance de l'univers, que la Divinité incorporelle manifeste sa présence à la société des êtres corporels, par l'entremise d'êtres semblables à eux, et le raisonnement en établit la nécessité (1), je veux dire la conformité à l'ordre constant et aux lois générales de notre nature.

Ces êtres humains, organes des volontés souveraines dans la société, et ministres de l'action souveraine, s'appellent pro-

_____

(1) *Nécessaire*, en métaphysique, ne veut pas dire *obligé*, mais tel qu'il ne peut être autrement sans choquer la nature des êtres. Ainsi, l'amour d'un fils pour son père est *nécessaire* ou conforme à la nature de ces êtres; mais il n'est pas *obligé*, puisque plusieurs enfans se refusent à cet amour.

prement *pouvoir*, puisqu'ils ont le *vou-*
loir et le *faire* sur la société ; et l'on dit
effectivement le *pouvoir*, en parlant des
chefs visibles de toute société : pouvoir
paternel, ecclésiastique, politique, etc. ;
mais ce *pouvoir* est subordonné au pouvoir suprême du souverain, Dieu ou
peuple, puisqu'il ne fait après tout, que
manifester sa volonté suprême, et exé-
cuter en son nom son action suprême.

Or, je vais plus loin, et j'avertis ici le
lecteur de chicaner opiniâtrément le principe, de peur d'être forcé d'admettre la
conséquence.

Le pouvoir existe donc, sous un nom
ou sous un autre, dans toute société ; mais
j'avance comme un fait : *que l'unité mê-*
me physique de pouvoir existe toujours
dans toute société, c'est-à-dire, qu'il
n'y a jamais qu'un seul homme à la
fois qui énonce une volonté, et com-
mande une action dans la société.
Ainsi le fait prouve l'unité physique,
comme la raison démontre la nécessité
de l'unité morale ; car elle dit, que s'il
y avoit à la fois dans la société deux vo-

lontés et deux actions, il y auroit bientôt deux sociétés.

Je n'ignore pas que les apparences et
le langage usuel sont contraires à cette
assertion ; mais il faut dans les sciences
morales, comme dans les sciences physiques corriger le témoignage des sens,
expliquer les apparences, et remonter
aux élémens du langage. « L'homme
» sage, dit le prophète, ne jugera pas
» toujours sur le rapport de ses yeux ou
» de ses oreilles » (1).

1°. A commencer par la société domestique ou la famille, il est évident
qu'un homme unique est *pouvoir*, et
qu'il ne peut y en avoir deux. Les lois
de la nature physique établissent la nécessité de cette unité physique et les lois de
la nature sociale qu'on appelle les lois
politiques et civiles, sur-tout les lois
Romaines, la confirment et l'étendent.
Quelques sophistes ont méconnu le pouvoir domestique ou paternel, et des lois

(1) *Non secundùm visionem oculorum judicabit,
neque secundùm auditum aurium arguet.* Isaïc.

rédigées sur leurs systèmes ont porté atteinte à ce pouvoir, le premier dans l'ordre
du temps, de tous les pouvoirs humains,
et supposant *égaux* entr'eux des êtres
qui ne sont que *semblables*, ont brisé le
pouvoir marital, et affoibli, anéanti même
le pouvoir paternel. Les mêmes hommes
entraînés par les mêmes principes ont
méconnu la nature du pouvoir public,
et comme ils avoient soustrait les enfans
dès l'âge des passions à l'autorité domestique, ils ont soustrait les peuples à l'autorité publique dans la crise des révolutions, en leur permettant de s'insurger
contre le pouvoir, et même de le déposer ; et ils ont ainsi légalisé la révolte dans
la société domestique, et la révolte dans
la société publique, état affreux, impossible même de société ; et le *nec plus
ultrà* du désordre social (1).

2°. L'unité physique de pouvoir est

_____

(1) On sait que les Romains renforcèrent le pouvoir
domestique à l'instant où par leur révolution politique
ils affoiblissoient le pouvoir public. Nous avons fait tout
le contraire. Aussi les Romains conservèrent long-temps
leurs mœurs, et nous avons achevé de perdre les nôtres.

évidente dans la monarchie , puisque *monarchie* ne veut dire qu'*unité de pouvoir*. Il est intéressant de remarquer que la nature de l'homme-pouvoir est exprimée à découvert dans les langues des peuples du nord de notre continent qui, seuls dans l'univers connu, forts de la nature et de ses lois , conservèrent la simplicité native de leur langue antique et la sagesse de leur constitution primitive , contre l'*artifice* de la langue des Romains et les combinaisons laborieuses de leurs institutions démocratiques.

Dans toutes les langues d'origine scytique, celtique , germanique , teutonne etc. et depuis la Moselle jusqu'au Kamtschatka, l'homme revêtu du pouvoir public s'appelle *Kœnig, King, Kan, Chagan , Kien*, mots qui ont tous pour racine le verbe *Kœnnen* qui dans leur langue signifie *pouvoir*, et que ces peuples disent familièrement l'*homme qui peut*, comme nous disons , emphatiquement, *potentat*. Il n'est pas inutile d'observer que ces langues paroissent n'être que les divers dialectes d'une langue extrêmement ancienne de la haute Asie : berceau des hommes et des sociétés. L'étymologie et la remarque sont de Leibnitz.

3°. L'unité physique de pouvoir est certaine même dans les états populaires, aristocratiques ou démocratiques ; car c'est au fond le même gouvernement. Le nombre des hommes qui prétendent au pouvoir ou l'exercent, peut importer beaucoup à le tranquillité d'un état, mais il ne change rien à la nature de sa constitution.

J'ai honte d'énoncer une verité aussi simple : mais à travers toutes les formes dont se compose la législation dans un état populaire, le nombre de ses députés et le *parlage* de ses orateurs, je ne vois *qu'un* homme qui propose une loi et des hommes qui l'acceptent ; car si deux vouloient la proposer à la fois, il faudroit de nécessité physique, *donner la parole* à l'un et l'ôter à l'autre. Une assemblée législative n'est donc à la lettre et physiquement qu'une *loterie* de pouvoir où on le tire à chaque délibération. L'avis qui prévaut et qui passe en loi, est une *volonté* qui dirige

l'*action* du gouvernement. Celui qui l'a
émis a donc eu réellement, dans ce moment
et pour cette circonstance, le *vouloir* et
le *faire*. Il a donc été le *pouvoir* du jour
et du moment, et que le *vote* ait été public ou secret, qu'on ait voté par *appel
nominal* ou par *assis et levé*, il a prononcé entre les votans, comme le *roi
en son conseil*. Quand un homme propose
une loi et qu'un autre la combat, le pouvoir est incertain entre eux; et s'il la
modifie, et que la loi passe avec la modification, ce sont deux pouvoirs qui se
sont rapidement succédés, puisque ce
sont deux volontés qui sont chacune
devenues *loi*.

Voilà pourquoi toute assemblée doit
être en nombre impair, ou avoir la faculté de s'y réduire en cas de partage, et
qu'on suppose même ce nombre impair
là où il n'est pas, en supposant un votant
qui n'existe point, ce qu'on appelle donner à quelqu'un la voix prépondérante;
car le nombre impair est celui où l'*unité*
excède, *domine :* sans cela, cent mille
opinions pourroient ne jamais devenir

une volonté, cent mille bras ne jamais faire
une action, et cent millions d'hommes ne
jamais former une société. C'est ce que
dit ou veut dire Montesquieu : « Le
» peuple est monarque par ses suffrages,
» qui sont ses volontés. Ce monarque a
» toujours trop ou trop peu d'action :
» quelquefois avec cent mille bras il
» renverse tout, quelquefois avec mille
» pieds il ne va que comme un in-
» secte ».

On voit la raison des troubles éternels
dont les états populaires sont agités. *Là
où chacun peut à son tour être pouvoir,
il est impossible que plusieurs à la fois
ne veuillent être pouvoir* (1).

4°. L'unité même physique de pouvoir
existe nécessairement dans la société re-

_____

(1) Si l'on me reprochoit de donner dans des abstrac-
tions, je répondrois qu'il n'y a rien de moins abstrait
que l'unité physique. Ce reproche seroit beaucoup mieux
adressé aux partisans de la souveraineté du peuple. Je
me rappelle qu'il parut quelques jours avant le 18 Fruc-
tidor un petit ouvrage, dans lequel un homme d'esprit
disoit : *Le chef-d'œuvre du gouvernement représentatif
est que le pouvoir y est abstrait.* Ce pouvoir abstrait
a retenu cet écrivain en prison réelle pendant deux ans.

ligieuse , ou la société de Dieu et de
l'homme ; car en admettant l'existence
de l'un et de l'autre , il y a entre l'être
volonté et action infinies, et l'être volonté
et action finies, similitude; donc rapports ,
inégalité , donc dépendance ; rapports et
dépendance , donc société.

Il est évident que toutes les religions
publiques , et même les sectes qui ont
paru sur la terre soit avant , soit depuis
la religion chrétienne, les sectateurs de
Moïse, de *Zoroastre*, de *Confucius*, de
Mahomet, de *Manès*, d'*Arius*, d'*Euty-
chès*, de *Montan*, de *Jean Huss*, de
Luther, de *Calvin*, etc., reconnoissent
tous *un homme* pour fondateur, législateur, réformateur : car tous ces mots ont
ici le même sens ; soit qu'il se soit dit
inspiré de Dieu , soit que ses disciples lui
aient cru des lumières supérieures à celles
des autres hommes; et même nos philosophes sont les échos de *Spinosa* , de
Bayle, de *Voltaire*, de *J. J. Rousseau*,
d'*Helvétius* , etc. Par-tout enfin l'homme
qui soumet la volonté des autres hommes
à ses opinions religieuses ou politiques,

et leur action religieuse ou politique au culte ou au gouvernement qu'il établit; cet homme, dis-je, a le *vouloir* et le *faire* sur d'autres hommes; et quelque soit son nom, son rang et son titre, il rend les autres hommes sujets de son pouvoir.

Cette unité physique de pouvoir, cet être humain existe dans la religion chrétienne, que ses *fidèles* regardent comme le développement et la perfection du Théisme; et ils ont, à ce sujet, une croyance fort ancienne et fort répandue. Cette croyance a une raison; car rien n'est sans une raison d'être, et voici celle qu'ils en donnent.

Le pouvoir existe comme un rapport entre le souverain et le sujet, pour les unir tous deux, les rendre *uns* de volonté et d'action, en conformant la volonté foible, imparfaite, variable, contingente du sujet à la volonté parfaite, générale, nécessaire du souverain, et rendre l'action conservatrice du souverain réellement présente et sensible au sujet.

Le pouvoir est donc *milieu, moyen, médiateur*, car tous ces mots sont sy-

nonimes entre le souverain et le sujet ;
lien de l'un a l'autre, il doit *participer*
de l'un et de l'autre; il doit être l'un et
l'autre, pour les unir tous deux : et
comme la raison conçoit qu'un corps peut
seul être moyen de *continuité* entre deux
corps, elle dit avec la même clarté qu'un
être esprit et corps peut seul être moyen
d'*union* entre un esprit et des êtres esprit et corps. Ici le souverain est *Dieu*,
le sujet est *homme*, le pouvoir sera donc
Dieu-homme rapport du souverain au
sujet, non pas *forcé*, mais *nécessaire*,
c'est-à-dire, conforme aux rapports naturels entre les êtres dans la société, et
aux lois générales de leur union. Mais
si la raison de l'homme semblable à la
raison suprême conçoit la raison de cet
être divin, ses sens, trop disproportionnés
à la puissance infinie, ne rapportent rien
à sa pensée qui puisse lui faire *imaginer*
le moyen de cette prodigieuse opération.

'Tel est l'être *Dieu-homme*, que les chrétiens reconnoissent et révèrent comme
le législateur et le pouvoir de la société
générale ou *catholique*, suivant la force
du

du mot grec (1) *être-lien*, ou *médiateur*
entre deux êtres, *mediator unius non est*;
entre deux êtres *semblables*, mais *iné-
gaux*, qui puisse les *unifier* en quelque
sorte en *divisant* l'homme et *huma-
nisant* Dieu même, c'est-à-dire, en rendant les volontés humaines conformes à
la volonté divine, et l'action divine ou
le culte, semblable en quelque sorte à
l'action humaine, sensible et extérieure
comme elle, *in similitudinem hominum
factus et habitu inventus ut homo*, qui
fasse ainsi, que l'homme connoisse Dieu
ou répare le crime de l'avoir méconnu,
empêche que Dieu par l'opposition nécessaire, invincible qu'il a à toute imperfection ne détruise l'homme, et conserve ainsi *rédempteur*, *réparateur*, li-

(1) *Général* ou *universel* ne veut pas dire *commun*,
mais *nécessaire* ou conforme aux rapports naturels des
êtres. Ainsi la vérité est toujours *générale*, même
lorsque l'erreur est *commune*. La religion chrétienne
n'en est pas moins la religion générale ou universelle,
même s'il étoit possible qu'il n'y eût pas de chrétiens.
Ainsi les vérités mathématiques étoient des vérités générales, même avant qu'elles fussent connues des géomètres.

F

bérateur de l'homme, Dieu à l'homme et l'homme à Dieu.

Les chrétiens soutiennent que cette croyance *inimaginable* dans ses moyens, est non seulement compréhensible ou raisonnable dans ses motifs, *rationabile obsequium*, mais qu'elle est même profondément philosophique, parce qu'elle est parfaitement conforme aux rapports naturels, ou à la raison des êtres, dont la perception claire ou obscure, bornée ou infinie, forme, ou plutôt est la raison humaine et même la raison divine.

Il y a donc (je ne parle encore que de la société religieuse), un pouvoir divin et des pouvoirs humains, comme il y a une souveraineté de Dieu et une souveraineté de l'homme.

La société soumise au pouvoir divin sera forte et durable; celle soumise au pouvoir de l'homme sera foible et variable : là, selon les chrétiens, est la raison de l'imperturbable fixité de la religion chrétienne, de son insurmontable et tranquille résistance à toutes les persécutions et à la plus destructive de toutes celles

du temps, du développement successif
des vertus qu'elle enseigne, et du perfec-
tionnement de tous les peuples qu'elle
éclaire, et la raison des éternelles variations des sectes et de leur disparution
insensible. En effet, la société doit être
impérissable là où le pouvoir est immor-
tel, et elle doit être changeante et péris-
sable là où le pouvoir peut finir et n'est
que celui des hommes. Celle-ci est à peine
formée, qu'elle est en proie à la rivalité
des hommes qui aspirent au pouvoir, et
qui, avec un droit égal à *vouloir* et à
faire, se croient tous des talens supé-
rieurs pour *vouloir* et pour *faire*, et ne
reconnoissent aucun arbitre public de
leurs droits, aucun juge légal de leurs
talens, aucun régulateur certain de leurs
opinions, puisque le *sens privé* et l'inspiration particulière sont des dogmes
fondamentaux de leur société. Ces sectes
peuvent se prolonger, mais elles ne sauroient s'affermir : l'imperfection de ces
pouvoirs humains entraîne nécessairement
vers le néant la société qu'ils ont fondée.
Avec le temps, on juge le législateur ;

l'enthousiasme se refroidit, l'illusion se
dissipe, l'homme seul reste et paroît, et
comme fait dire Voltaire au plus célèbre
de ces fondateurs de religions humaines :

Mon empire est détruit si l'homme est reconnu.

Or, ce sont des faits ; et déja l'Europe
voit la religion chrétienne renaître, pour
ainsi dire, de ses cendres, et les sectes
rivales descendre lentement au tombeau.
L'indifférentisme introduit par la philosophie ne tuera que l'erreur.

Il nous reste quelques réflexions à faire
sur le système social des chrétiens.

Ce système s'accorde parfaitement avec
ce que nous avons dit de l'origine du
pouvoir, organe des volontés du souverain, et ministre de son action, puisque
l'homme-dieu, que les chrétiens révèrent
comme le législateur et le *pouvoir* de leur
société, dit en mille endroits, en parlant
de lui-même, *qu'il n'enseigne rien que
ce qu'il a appris de son père ; qu'il ne
fait pas sa volonté, mais la volonté de
celui qui l'a envoyé ; et ailleurs, que tout
pouvoir lui a été donné au ciel et sur la*

terre ; et que les premiers et les plus savans interprètes de sa doctrine, ministres
de son pouvoir, disent de lui en mille
manières, que toute *paternité* (c'est ainsi
qu'ils appellent le pouvoir) *tire son nom
et son titre de lui au ciel et sur la terre* ;
c'est-à-dire qu'il est la source et le type
de tout pouvoir divin et humain.

Ici se présente d'elle-même une réflexion d'une haute importance.

La raison ne peut pas admettre le systême des chrétiens, et supposer au milieu
de la société des êtres pensans, un pouvoir pareil à celui d'un homme-dieu parlant et agissant dans la société au nom
de Dieu même, sans observer des effets
généraux, proportionnés à la grandeur et
à la perfection d'une cause aussi générale.
Si ce pouvoir n'a pas toujours été *réellement présent* à la société, son influence,
depuis qu'il a daigné se manifester aux
hommes, a dû être sensible sur le perfec-
tionnement de la société et le sort de
l'humanité même. La question ainsi posée
se réduit à des faits sociaux ou généraux,
c'est-à-dire extérieurs et visibles. Or, on

peut avancer comme un fait évident de
nos jours, après la longue expérience que
l'univers a faite du christianisme, comme
un fait dont la certitude est une démonstration historique de la vérité de la religion.
chrétienne, *qu'à considérer les temps anciens et modernes, il y a oppression de
l'humanité dans toute société polit'que
et religieuse où il n'y a pas connoissance,
adoration et culte de l'homme-dieu.*

Qu'on y prenne garde : je dis l'humanité, et non pas l'homme ; c'est-à-dire
que l'oppression est dans les lois, même
lorsqu'elle n'est pas dans les mœurs ;
qu'elle est dans l'état public (religieux
ou politique) de la société, même lorsqu'elle n'est pas dans son état domestique
ou dans la famille : ce qui veut dire que
l'oppression de toutes les foiblesses de
l'humanité, de la foiblesse du sexe par
le divorce, la polygamie, la prostitution
religieuse ; de la foiblesse de l'âge, par
l'exposition publique ou le meurtre des
enfans, les amours infâmes, etc. ; de la
foiblesse de la condition, par l'esclavage,
les jeux sanglans de l'arène, la mutila-

tion, les sacrifices de sang humain, l'an-
tropophagie, l'oppression morale, par
les absurdités de l'idolatrie, du mahométisme, de la divination, des sortiléges
(car les peuples toujours deviennent
crédules en cessant d'être croyans); que
toutes ces oppressions, dis-je, ont pesé
légalement et sans réclamation, et pèsent
encore sur l'humanité, toutes à la fois
ou seulement quelques-unes, dans toutes
les nations qui n'ont pas été ou qui ne
sont pas chrétiennes, et même *se retrouvent et s'apperçoivent encore aujour-
d'hui, quoique sous des formes plus
adoucies, chez tous les peuples qu'une
fausse philosophie a écartés de la pureté
et de la perfection du christianisme.*

Les ignorans qui vont sans cesse exa-
gérant les désordres des chrétiens et les
vertus des sages du paganisme, ne s'apperçoivent pas qu'ils ne remarquent des
vices chez les chrétiens, que parce que
la société chrétienne est essentiellement
vertueuse, comme ils ne remarquent des
vertus ailleurs, que parce que les autres
sociétés sont essentiellement vicieuses. En

effet , chez les chrétiens , si le désordre
est dans les mœurs, l'ordre est dans la loi
sur laquelle l'autorité peut et doit toujours redresser les mœurs : au lieu que
chez les peuples idolâtres ou non chrétiens , lors même que les mœurs sont
réglées , le déréglement est dans la loi à
laquelle les mœurs finissent toujours par se
conformer ; car la loi corrompt , par ce
qu'elle ne défend pas, comme par ce qu'elle
ordonne. C'est ce qui fait que chez les Romains la loi qui permettoit le divorce
triompha enfin des mœurs qui le repous-
soient. Les anciens disoient: *Quid leges sine*
moribus vanæ proficiunt ? parce que dans
leur état imparfait de société, des mœurs
devoient corriger les lois vaines, puisqu'elles étoient corruptrices ; et nous
devons dire : *Quid mores sine legibus...?*
parce que dans notre état parfait de société
des lois sages sont et doivent être la règle
de mœurs corrompues, puisque l'état public, ou la société régie par les *lois* doit
protéger, défendre et conserver l'état domestique ou la société régie par les *mœurs :*
et si les mœurs ne sont pas meilleures dans

les états chrétiens, c'est uniquement la
faute des hommes dépositaires des lois,
règle inflexible des mœurs; et les révolutions sont à la fois, le résultat nécessaire
et le châtiment exemplaire de leur négli-
gence. Ainsi, l'enfant chrétien ne naît pas
avec plus de lumières que l'enfant idolâtre:
l'homme chrétien ne vit pas avec moins
de passions que l'homme païen ou ma-
hometan. Peut-être même qu'un plus
grand développement de son intelligence
et un frein plus présent et plus sévère à
ses actions, rendent ses passions plus in-
dustrieuses et plus irritées, et augmentent
ainsi la force de son ame en ajoutant à
l'activité de ses desirs; mais, la société
chrétienne est meilleure que la société
qui ne l'est pas, et l'enfant naît et l'homme vit au milieu d'un état de choses où
il trouve le pouvoir, c'est-à-dire la volonté qui fait *vouloir* le bien, et la force
qui le fait *accomplir*. S il y a des désordres
dans les mariages entre chrétiens, il n'y
a pas d'adultère légal ou de divorce; s'il
y a des enfans abandonnés, ou même
victimes inconnues de l'incontinence,

il n'y a plus d'exposition publique et d'in-
fanticide *légal* (1). S'il y a des hommes
opprimés par la violence, il n'y a plus
d'esclaves par la loi (2); s'il y a des ri-
valités entre les peuples, il n'y a plus,
comme l'observe Montesquieu, de droit
barbare de guerre; enfin, s'il y a des
passions violentes sur la terre, il n'y a
plus dans les états chrétiens de lois injustes
et oppressives, hors dans ceux où les
doctrines philosophiques les ont intro-
duites, malgré la religion chrétienne.

Je me résume : la souveraineté sur la
société est dans Dieu selon les uns, dans
le peuple selon les autres. Le pouvoir
religieux ou politique sur la société est
dans un être humain, organe de la volonté du souverain, et ministre de son
action. Ici, J. J. Rousseau est tombé dans

_____

(1) On a vu récemment une atteinte portée à la loi
qui punit de mort ce crime invisible presque toujours à
l'œil de la justice ; car, ce n'est que la religion du *bap-
tême* qui a fait cesser dans les états cette horrible
coutume.

(2) Les maîtres en Amérique n'ont point droit de
vie et de mort sur leurs esclaves, différence qui ne
permet pas de comparaison avec l'esclavage ancien.

une contradiction manifeste. « Pour que
» le gouvernement soit légitime, dit-il,
» il ne faut pas que le gouvernement
» (c'est-à-dire le pouvoir) se confonde
» avec le souverain, mais qu'il en soit le
» ministre. Alors, la monarchie elle-
» même est république ». Rien de plus
vrai. Mais, cet écrivain en faisant du
peuple ou des hommes le souverain, et
encore de l'homme le pouvoir ou le gouvernement, confond visiblement le pouvoir et le souverain, et détruit ainsi la
légitimité du gouvernement qu'il veut
établir, au lieu que ceux qui regardent
Dieu comme le souverain, et un être
humain comme le pouvoir, mettent évidemment entre le souverain et le pouvoir cette distinction qui constitue, selon
Rousseau et la raison, la légitimité de la
société.

Ici se présente une haute question : Le
pouvoir est-il institué par les sujets, et
y a-t-il entre les sujets et le pouvoir un
pacte ou contrat social ? Non. 1°. Il n'y
a pas de pacte social dans la famille entre
le père et les enfans qui ne naissent pas

volontairement de tel homme plutôt que
de tel autre.

2º. Il n'y a pas de contrat social dans
la société religieuse, ni dans la religion
chrétienne où le pouvoir homme-dieu
est d'une nature supérieure aux hommes,
ni dans les autres religions où l'acquies-
cement aux opinions d'un homme est
involontaire, puisqu'il est l'effet d'une
conviction quelconque, coupable sans
doute, lorsqu'elle est le fruit d'une
ignorance volontaire dans les uns, ou
d'une indocilité présomptueuse dans les
autres.

3º. Il n'y a pas de contrat social dans
la société politique. 1º. Il n'y a pas lieu
au contrat avant l'institution du pouvoir ; car il faudroit pour cela que l'institution du pouvoir fût arbitraire. Or, le
pouvoir est *nécessaire*; il ne dépend pas
de la société de l'admettre ou de le rejetter, puisqu'une société ne peut exister
sans pouvoir. Bien plus, une loi, ne
fût-ce que celle qui régleroit les formes
à suivre pour faire la loi ; un homme,
ne fût-ce que celui qui l'auroit proposée,

auroit toujours précédé cette prétendue
institution du pouvoir, et le peuple auroit obéi avant de se donner un maître.
Bien loin, dit M. Bossuet, *que le peuple
en cet état* (sans loi et sans pouvoir) *pût
faire un souverain, il n'y auroit pas même
de peuple.*

2°. Il n'y a pas lieu au contrat après
l'institution du pouvoir, puisqu'il n'y a
plus alors entre les parties cette égalité
nécessaire pour la validité du contrat, et
qu'il n'y a plus entre le *pouvoir* et le *sujet*
d'autre rapport naturel que celui de la
dépendance. Les sujets doivent au pouvoir, mais le pouvoir doit au souverain
pour l'intérêt des sujets. La raison des
devoirs ne se trouve que dans le pouvoir;
et c'est parce que les pères ne doivent
directement rien à leurs enfans, que les
enfans ne peuvent directement rien sur
leurs pères, et que Dieu s'est réservé la
punition des pouvoirs; *et je l'exercerai*,
dit-il lui-même. Même dans un contrat
entre parties égales, les hommes ne se
doivent les uns aux autres que parce qu'ils
doivent tous également au pouvoir qui a

reçu leurs engagemens ; et ôtez Dieu de
ce monde, il n'y a plus d'autre raison au
devoir que la violence , parce qu'il n'y a
plus d'autre titre au pouvoir.

Enfin , si l'on prétend que le peuple
peut choisir un homme pour le revêtir
du pouvoir, il est aisé de répondre que
jamais peuple n'a choisi sans une raison
qui est elle-même une loi , et presque
toujours la plus impérieuse de toutes, la
loi des événemens. Mais, même dans ce
cas, ou le peuple propose des lois conformes à la nature de la société, et alors
ce sont les volontés de l'Être suprême
qu'il exprime ; ou il propose des lois
contre la nature des sociétés, des lois qui
sont sa volonté propre, comme le seroit
celle de faire passer le pouvoir aux femmes, ou d'en revêtir une partie des sujets,
et alors la nature ne ratifieroit pas le
contrat, et les troubles qui naîtroient de
ces lois mêmes viendroient, tôt ou tard,
punir le peuple qui l'auroit proposée, et
le pouvoir qui l'auroit acceptée.

Le pouvoir est donc préexistant à toute
société, puisque le pouvoir constitue la

société , et qu'une société sans aucun pouvoir , sans aucune loi , ne pourroit jamais se constituer. Il est donc vrai de dire que le pouvoir est primitivement de Dieu : *potestas ex Deo est* , qui en a mis la *nécessité* dans la nature des êtres, et la régle ou la loi dans leurs rapports. Mais comme il y a une souveraineté de Dieu, et une souveraineté de l'homme, il y a un exercice divin ou légitime du pouvoir , et un exercice humain, vicieux et purement légal , selon que les lois que le pouvoir porte comme la volonté du souverain , et qui dirigent l'action sociale, sont justes ou injustes , conformes ou non à l'ordre et aux rapports naturels des êtres dans la société ; car une société sans aucune loi seroit une contradiction dans les termes , parce qu'il y auroit impossibilité dans l'idée.

Nous traiterons donc des lois dans le chapitre suivant.

CHAPITRE IV.

Des lois.

» Legem bonam à malâ, nullâ aliâ nisi *naturali*
» normâ dividere possumus. Cic. *de leg.*

La loi est l'expression de la *volonté* du souverain promulguée par le pouvoir, pour être la règle du sujet.

Elle est donc la volonté de Dieu selon les uns, la volonté des hommes ou du peuple selon les autres, et tous ont raison, en quelque sorte, puisqu'elle est (j'entends la loi juste) la volonté de Dieu *parlée* par l'homme, pour être *entendue* des hommes ; mais la loi a des élémens ou sa *raison*, et c'est ce qu'il faut considérer.

Il existe des rapports entre les êtres physiques, et des rapports entre les êtres moraux ou sociaux ; et ces rapports résultent de leur similitude et de leur co-existence.

Entre les êtres physiques, il existe des rapports de distance, d'étendue, de mou-

vemens

vemens dont l'ensemble forme le systême
général du monde physique assure sa
conservation , et s'appelle aussi la nature
des êtres physiques.

Entre les êtres moraux , il existe des
rapports d'amour , de volonté et d'action ,
dont l'ensemble forme le systême général
du monde moral et social , et maintient
l'ordre qui doit régner entre les êtres qui
le composent, « Cet ordre , dit Malle-
» branche, qui est la loi inviolable des
» esprits » , et qui s'appelle la nature
des êtres moraux ; « l'ordre de la nature ,
» dit C. Bonnet , est le résultat général
» des rapports que j'apperçois entre les
» êtres ».

Ces rapports sont naturels , puisqu'ils
sont par cela seul que les êtres sont :
ils sont nécessaires , puisque les êtres ne
peuvent sans eux être conservés dans
l'état propre à leur nature physique et
morale.

Ainsi , sans le mouvement qui vivifie,
anime et féconde toutes les parties de
l'univers matériel, il n'y auroit plus bientôt ni végétation , ni reproduction , ni

G

vie ; et sans les rapports d'amour , qui unissent entr'eux les êtres intelligens , il n'y auroit plus d'ordre entre ces êtres ni par conséquent de société.

Ces rapports sont donc parfaits, puisqu'ils sont ce qu'ils doivent être pour assurer la reproduction des êtres physiques et l'ordre entre les êtres moraux.

Ces rapports naturels , nécessaires , parfaits sont l'ouvrage de la volonté de Dieu même , qui en créant librement les êtres a produit les rapports nécessaires (1) qui existent entr'eux. Ainsi, le potier ne peut former un vase sans lui donner une figure et un poids quelconques ; et en le plaçant dans son attelier, il le met en rapport *nécessaire* de distance avec tout ce qui l'entoure. Cette réflexion sert à concilier en Dieu la volonté indépendante, qui crée , avec l'ac-

_____

(1) Il est très-différent de dire que Dieu a produit *nécessairement* les rapports, ou de dire que Dieu a produit des rapports *nécessaires* ; car *nécessairement*, adverbe, veut dire *forcément* , *inévitablement* ; et *nécessaire*, adjectif, n'est, dans la langue métaphysique, que le superlatif de *naturel*.

tion nécessaire qui conserve tant que la
volonté a résolu de conserver.

Les rapports entre les êtres sont en
eux-mêmes et indépendamment de la
connoissance que nous en avons, mais
ils n'existent pour nous que lorsqu'ils
sont exprimés et connus. Alors, ils s'appellent lois. Et, comme il y a des rapports entre les êtres physiques, et des
rapports entre les êtres moraux, il y a
des lois pour les uns comme pour les
autres, et l'on dit, *les lois du mouve-*
ment, comme l'on dit, les *lois de la so-*
ciété. Nous ne parlerons ici que de ces
dernières, mais il y a peut-être de grandes
analogies entre les unes et les autres.

S'il y a une vérité générale univesel-
lement convenue entre les hommes, une
vérité qui fasse *établissement*, comme
dit Leibnitz, c'est que les lois sont le
résultat des rapports *naturels* entre les
êtres. *Lex est ratio profecta à naturâ*
rerum, dit Cicéron.

« Les lois sont des rapports nécessaires
» qui dérivent de la *nature* des êtres, dit
» Montesquieu ». Les rapports *naturels*

» et les lois doivent tomber toujours de
» concert sur les mêmes points, dit J.
» J. Rousseau ». Les lois de la *nature* ré-
» sultent essentiellement des rapports
» qui sont entre les êtres, dit C. Bon-
» net ». Tous les publicistes, absolument
tous, tiennent le même langage; et cette
uniformité est un signe certain de la vérité. La loi n'est donc pas uniquement le
rapport, mais le résultat et la manifesta-
tion des rapports. Ainsi c'est un rapport
naturel que le fils hérite de son père, et
il devient *loi*, lorsqu'il *résulte*, qu'il *sort*
au dehors, qu'il est *produit* ou manifesté
dans un testament. De là vient que l'homme n'est pas coupable uniquement pour
manquer à un rapport naturel, mais qu'il
faut encore qu'il ait eu connoissance de
la loi qui manifeste ce rapport. *In lege
cognitio peccati*.

Donc, les lois sont, selon les théistes,
l'expression de la volonté de Dieu, auteur des rapports qui sont entre les êtres,
comme créateur des êtres eux-mêmes.

L'état de société est celui où les rapports entre les êtres sont manifestés dans

les lois , expression de la volonté du souverain.

« Si les lois sont le résultat des rap-
» ports parfaits entre les êtres, et l'ex-
» pression de la volonté de l'être infini-
» ment parfait ; l'être imparfait et fini ,
» l'homme, quand même il pourroit dans
» son imperfection découvrir ce rapport,
» n'a point en lui la raison de son ex-
» pression ou de la loi , c'est-à-dire qu'il
» n'y a pas de raison pour qu'il donne
» sa volonté pour loi à des êtres égaux
» à lui », dit le vrai théiste, qui toujours
conséquent à lui-même , voit le législateur
suprême dans le souverain pouvoir ,
comme il a vu le souverain pouvoir dans la
» cause première. « Il est donc nécessaire
» que Dieu daigne révéler à l'homme la
» connoissance de ces rapports en les mani-
» festant par des lois, expression de sa vo-
» lonté. Mais, entre des êtres intelligens,
» il existe un rapport naturel qu'une ex-
» périence journalière et constante nous
» découvre , c'est que l'homme , s'il a
» des idées, ne les connoît , n'en a
» la conscience que par les signes qui

» les revêtent, et que les sens qui les
» reçoivent transmettent à son esprit,
» et principalement par la parole, signe
» exclusif des idées générales ou sociales;
» et le créateur lui-même législateur
» suprême de la société, ne déroge pas
» aux lois dont il a mis la nécessité dans
» la nature physique et morale de l'hom-
» me, et qu'il a posées comme le fonde-
» ment de toute société.

» Dieu fera donc entendre une parole
» à l'homme (1); et comme cette parole
» entendue d'un homme ou d'une famille,
» dans un lieu, et dans un temps déter-
» miné, doit être, sans altération, en-
» tendue de tous les hommes, dans tous
» les lieux et tous les temps, puisque
» cette parole leur enseigne ce qu'il leur
» importe le plus à tous de savoir, leurs
» rapports avec les êtres semblables, Dieu
» rendra cette parole fixe, universelle
» et perpétuelle par l'*écriture*, qui n'est
» qu'une parole fixée pour tous les lieux,
» tous les temps, et tous les hommes.

_____

(1) Voyez le chap. 3.

» Il doit donc y avoir , continue le
» le théiste, une *parole* divine pour l'ins-
» truction de l'homme , fixée par une
» *écriture* divine qui puisse conserver et
» transmettre cette parole pour l'instruc-
» tion des sociétés. Et comme la raison
» me démontre la nécessité de cette pa-
» role et de cette écriture, les faits m'en
» apprennent l'existence ».

Effectivement les théistes conservent
avec une grande vénération un livre où
ils croient lire la parole divine , ce qu'ils
appellent l'*écriture* par excellence , parce
qu'ils y trouvent écrites , à ce qu'ils
croient, les lois , résultat des rapports
les plus naturels , et qui , outre , sa
prodigieuse antiquité , à laquelle aucune écriture humaine ne peut atteindre,
présente des caractéres frappans d'une intelligence sublime , et d'une connoissance
profonde des devoirs de l'homme et des
lois de la société.

Telle a été dans tous les temps et chez
tous les peuples , la foi de l'univers
aux communications divines faites à
l'homme par la parole, *parlée* ou *écrite* ,

que tous les anciens législateurs ont assu-
ré que la Divinité leur avoit *parlé* pour
les instruire de ses volontés, et que dans
tous les temps, les peuples les plus célèbres ont révéré des livres ou des *écri-*
tures, comme dépositaires de la parole
divine.

Certes, elles avoient de nobles sentimens de la dignité de l'homme, ces nations qui vouloient et croyoient n'obéir
qu'à Dieu ; et ils en ont une idée bien
abjecte, ces hommes qui veulent absolument n'obéir qu'à l'homme, et qui
s'appellent *libres*, quand ils reçoivent des
lois de leur égal et *égaux*, quand ils lui en
imposent : comme si l'homme et tous les
hommes ensemble avoient sur l'homme
un pouvoir dont la raison fût en eux-
mêmes, et non dans la divinité souveraine de tous les hommes, et que l'homme
eût une raison d'obéir à un pouvoir qu'il
ne regarde, ni comme l'organe, ni comme
le ministre, pas même comme l'instrument du souverain universel. C'est en
vain que ces hommes si dociles nous disent qu'ils ne se soumettent à une loi,

que parce qu'ils l'approuvent ; car outre
qu'ils obéissent souvent à des lois qui ont
été portées sans eux, ou même contre
leur volonté exprimée, ils ne font pas
attention que l'adhésion à une loi est
toujours forcée. En effet, que cette adhésion ait pour principe l'ignorance, ou
les lumières, un esprit convaincu, est
suivant la force même de l'expression,
un esprit soumis, vaincu, asservi. Or,
ce joug imposé à l'homme pensant, indifférent dans les sciences physiques *livrées
à nos vaines disputes*, l'homme n'a en
lui-même aucune *raison* de le recevoir
de l'homme dans les sciences morales d'où
dépend le réglement des volontés et la
direction des actions sociales, parce qu'en
sa qualité d'homme, il n'a pas une volonté inférieure à celle d'un autre homme,
et il n'en trouve pas davantage la raison
dans l'homme de qui il fait la volonté,
et qui ne naît pas avec d'autres besoins,
et ne vit pas avec d'autres passions.
On voit la raison pour laquelle les nouvelles doctrines en morale excitent, entre
les hommes, bien d'autres débats que les

nouveaux systêmes en physique ; et
comme l'a dit un philosophe, les hommes disputeroient des vérités géométriques les plus évidentes, si de leur démonstration il naissoit des devoirs dans la société.

A la nécessité des communications
faites aux hommes par une parole divine,
parlée et *écrite* , est inséparablement liée
la nécessité que l'homme ait reçu de la
Divinité l'art de parler , et même l'art
aussi prodigieux de l'écriture , non de
l'écriture *des images* , appellée hiéroglyphique , symbolique , etc. , etc. , qui
n'est que le dessin des objets et qui a été
connue de tous les peuples-enfans ; mais
l'écriture des *idées,* l'écriture phénicienne
ou plutôt hébraïque , et qui est celle des
peuples civilisés ; écriture qui fixe le son,
qui parle aux yeux et *donne un corps à*
la pensée ; « art divin, s'écrie Cicéron,
» qui a renfermé dans un petit nombre
» de signes les combinaisons infinies de
» la voix humaine : *Ex hac ne tibi ter-*
» *renâ , mortalique naturâ concretus is*
» *videlur qui sonos vocis , qui infiniti*

» *videbantur paucis litterarum notis*
» *terminavit* (1) ».

___

(1) Il seroit aisé de prouver, 1°. que l'art de faire
voir l'idée par l'*écriture*, est aussi incompréhensible
en lui-même que l'art de la faire ouïr par la *parole*. Je
dis l'*idée*, car il faut bien distinguer cette écriture de
l'écriture hiéroglyphique ou des *images*, avec laquelle
comme l'observe très-bien Duclos, *elle n'a aucun
rapport*. 2°. Que l'origine de cette écriture a été attri-
buée par les anciens aux peuples de la Palestine qu'ils
appelloient généralement *Phéniciens*, et qui sont les
Hébreux. *Phœnices primum*, etc. 3°. Que les fables
débitées, sous mille formes, par les Grecs sur le *Mercure
Trismégiste*, sur l'*Hermès* des Egyptiens, sur *Thaut*,
Thau, etc., prétendu ministre d'un roi d'Egypte, l'un
ou l'autre, selon les Grecs, inventeurs de l'art d'écrire,
ne sont évidemment que la tradition défigurée de l'intervention de la Divinité dans l'invention des arts nécessaires à la société, car *Mercure*, *Hermès*, *Thaut*,
Theutates des Gaulois, et *Gott* des Germains ne sont
que le nom de Dieu. Ainsi, on rétrouve le *peuple de
Dieu* à la tête de toutes les sociétés, de toutes les tra-
ditions, de toutes les histoires, même de toutes les
fables, de toutes les institutions nécessaires, à la tête de
tout. Certes il y a peu de réflexion à croire que les
peuples à leur enfance aient inventé d'eux-mêmes cet
art prodigieux, qu'encore les peuples-enfans, chinois
et autres, peuples à *sensations*, qui tous écrivent leurs
images, n'inventent pas, même aujourd'hui et d'après
nous, et Condorcet en a fait la remarque. Je me con-
tenterai de rapporter une observation bien naïve de Duclos sur ce sujet. « L'écriture, dit-il, n'est pas née comme le
» langage par une progression lente et insensible ; elle a été

Puisque les rapports naturels entre les êtres sociaux sont manifestés aux hommes par une *parole* et une *écriture* divines, et que le résultat de ces rapports s'appelle *loi*, il y a donc deux modes de *lois*; lois *parlées* ou traditionnelles, lois *écrites* ou publiques; et de là suivent deux états de société.

La société est un fait extérieur, visible par certains caractères qui la constituent société; et je vois effectivement dans l'univers deux espèces de société, et dans chaque espèce, deux états successifs de

---

» bien des siècles avant que de naître, mais elle est » née tout à coup et comme la lumière, . . . une fois » conçu, cet art dut être formé presqu'en même » temps ». Ce passage qui fait de l'invention de l'art d'écrire un prodige plus étonnant que de l'invention même de l'art de parler, est décisif contre l'opinion de ceux qui attribuent cette *découverte* à l'homme, condamné par sa perfectibilité même à avancer lentement dans la route de la perfection. Il prouve en même temps que l'*écriture*, moyen de la société publique, a dû naître postérieurement de beaucoup à la *parole*, moyen de la société domestique; les faits sont ici d'accord avec le raisonnement, et la société, ainsi que chaque homme, a eu la *parole* avant d'avoir l'*écriture*.

société parfaitement correspondans l'un
à l'autre dans chaque espèce.

- ´ Je vois par-tout, 1º. une société entre
l'homme et l'homme, c'est-à-dire entre
des êtres *semblables*, mais non *égaux* ;
société rendue sensible par une *action*
soumise à certaines lois, résultat de certains rapports entre les êtres, et dirigées
vers une fin, qui est la *production* et la
conservation d'êtres semblables ; et je retrouve dans cette société les trois personnes sociales caractéristiques de toute société, le *pouvoir*, le *ministre* et le *sujet.*

2º. Une société de l'homme, cause
seconde, être subordonné, avec l'Etre
suprême, cause première ; êtres par conséquent semblables, mais non égaux ;
société rendue sensible par une *action*
soumise à certaines lois, résultat de certains rapports entre les êtres, et dirigée
vers une fin, qui est de *produire* et de
conserver dans l'être fini la connoissance
de l'être infini ; et je retrouve encore
dans cette société le caractère distinctif de
toute société, le *pouvoir*, le *ministre*,
le *sujet* ; société divine, société humaine,
deux espèces de société.

Chacune de ces deux espèces présente deux états parfaitement correspondans dans chaque espèce, l'état domestique et l'état public de religion ou société divine, l'état domestique et l'état public de société humaine.

Dans l'un, état naissant, primitif, originel, élémentaire, la société divine ou humaine, est purement domestique, et s'appelle famille et religion naturelle, et mieux, peut-être, *native* ou patriarchale. Dans cet état de société, la loi, volonté du souverain, se transmettoit par une tradition domestique ; l'action sociale (appellée culte dans la religion) étoit domestique, ou renfermée dans l'intérieur de la famille ; les personnes sociales étoient intérieures ou domestiques. Dieu même, pouvoir de cette société, ne permettoit aucune représentation extérieure de son être divin, comme on peut le remarquer dans les livres saints. Le *ministre* ou le prêtre étoit le père de famille ; les sujets, les personnes de la maison.

On voit la raison pour laquelle, dans les premiers âges de la société, et lors-

qu'une nation n'étoit encore qu'une famille nombreuse, le sacerdoce étoit toujours uni à la royauté ; usage qui se
retrouvoit même à Rome, où un membre
du collége des pontifes portoit le titre de
roi, pour pouvoir offrir un sacrifice national ; usage qui s'apperçoit encore dans
les états les mieux constitués, et que je
crois la secrète raison de la cérémonie du
sacre des rois. « Car tout ce qui est, dit
» un auteur, tient toujours de ce qui
» a été ».

Dans l'autre, état subséquent, déve-
loppé, accompli, la société divine ou
humaine est publique, et s'appelle religion *révélée* ou manifestée, et état politique ou gouvernement. Dans cet état
de société, la loi, volonté du souverain,
est presque toujours extérieure ou *écrite*;
car dans toute société publique, le pouvoir finit par écrire la tradition et rédiger
les coutumes. L'action sociale (appellée
culte dans la société religieuse) est extérieure, les personnes publiques *sensibles*
même dans la religion ; et l'on peut remarquer que dans la société judaïque,

Dieu rendoit sa présence *sensible* dans
le tabernacle; et que dans la société chrétienne, l'homme - dieu s'est rendu extérieur, et rend encore *sa présence réelle*
sous des signes ou espèces sensibles. Les
ministres sont des hommes distingués des
autres par une profession publique; les
sujets, *fidèles* ou *féaux*, sont le corps
même de la nation.

Or, aussi haut que l'on remonte, à
l'aide de l'histoire, dans les temps passés,
ou aussi loin que conduisent les voyages
chez les peuples modernes, on retrouve
un culte domestique dans la famille, et
un culte extérieur dans l'état. « Jamais
» état ne fut fondé que la religion ne lui
» servît de base », dit J. J. Rousseau.

C'est ici qu'il faut remarquer l'influence
des mots sur les idées. De ce que la religion domestique est exclusivement appellée *naturelle*, on en a conclu que la
religion révélée n'étoit pas naturelle; et
de ce que la religion chrétienne s'appelle
exclusivement *la religion révélée*, on en
a conclu que la religion domestique n'é-
toit pas révélée. Toutes les deux religions,

gions , ou plutôt ces deux états de religion , sont *naturels*, l'un à l'état de famille isolé, l'autre à l'état public ou politique , et tous les deux sont *révélés*, l'un par la parole , l'autre par l'écriture.

La religion naturelle, ou domestique, *produit* au dehors la connoissance qu'a l'homme de la divinité, en faisant de son culte une action extérieure et sensible. La famille *produit* l'homme, et lui donne l'existence. Ce sont des sociétés de *production*. La religion révélée *maintient* et étend la connoissance de Dieu ; l'état politique *conserve* la famille, et perfectionne tout ce qui a rapport à l'homme. Ce sont des sociétés de *conservation*.

Aussi nulle part on ne voit des familles subsister rapprochées sans former, d'abord momentanément, et bientôt d'une manière permanente, un état public, comme on ne voit encore la religion naturelle se conserver dans aucune société que dans la société publique du christianisme.

Donc l'état domestique est l'état foible, puisqu'il a besoin d'être conservé , et l'état public est l'état fort, puisqu'il con-

II.

serve. L'un est l'état *natif*, *originel*, l'autre, l'état accompli, naturel ; car la force, la bonté, la perfection sont la vraie nature de l'être perfectible.

Ce sont là des faits qui prouvent des raisonnemens, et des raisonnemens qui expliquent des faits ; mais l'art des sophistes consiste à combattre des vues générales par des faits isolés et obscurs, et des faits généraux et publics par de petites raisons.

La religion naturelle ou primitive est donc à la famille considérée hors de tout gouvernement, et antérieurement à tout établissement public de société, ce que la religion révélée ou publique est à l'état politique. La raison saisit avec une irrésistible évidence le *rapport* de cette *proportion* sociale, et c'est ce qui lui démontre le contre-sens des réformateurs religieux calvinistes, théophilantropes, philosophes, qui, aujourd'hui que la famille ne peut plus être considérée hors de l'état politique, puisqu'à quelque époque qu'elle remonte elle trouve toujours cet état antérieur à elle, veulent rétablir la religion naturelle (car on sait que les calvinistes mettent le sacerdoce dans le père de famille) ; comme si une religion domestique étoit *naturelle* à un état public de société : discordance impossible, comme il le seroit à une famille isolée dans une île déserte d'offrir sans ministres le sacrifice de la religion chrétienne, et d'en exercer toute seule le culte public.

La religion judaïque, passage nécessaire de la religion patriarchale à la religion révélée, ne convient pas davantage à l'état présent de la société. Les habitudes imparfaites de l'adolescence ne s'accommodent plus avec la dignité et les lumières de l'âge viril. Ce culte grossier et local a fait place au culte pur et universel ; et ses sectateurs dispersés ne retrouveront plus ses ministres, et ne releveront jamais ses autels (1).

_____

(1) Il y a de quoi s'étonner de l'acharnement ridicule que Voltaire a mis à engager quelques puissances à faire rebâtir le temple de Jérusalem ; comme si la religion judaïque, figurée par son temple, pouvoit être rétablie aussi facilement qu'un édifice peut être reconstruit. La

Telle est la simplicité des voies de l'auteur de la nature, législateur de toute société, et la fécondité de son plan, que la société domestique ou de production est le germe et l'état primitif de la société publique ou de conservation, et la société de conservation le développement, l'accomplissement, la perfection de la société de production. Ainsi, la famille par-tout a précédé le gouvernement politique, et dans la religion, ce qu'on appelle *l'état de grace* a suivi, accompli, perfectioné *l'état de nature*.

Cette distinction d'état domestique ou *familier* et d'état public, explique le monde ancien et le monde moderne, sous le rapport de la religion, de la politique, de la littérature même, et fait voir, par exemple, pourquoi les anciens réussissoient mieux que les modernes dans le genre *familier*, dont ils transportoient

---

foi et la raison attestent que le culte mosaïque ne renaîtra pas ; mais il n'est pas de foi que le fait rapporté par Ammien Marcellin se répétât toutes les fois qu'il plairoit à un prince d'essayer, à Jérusalem, de remettre une pierre sur une autre.

les détails *naïfs* (1) même dans les genres
les plus relevés, et pourquoi les modernes réussissent mieux dans le genre
public ou noble, et qu'ils en ont porté
la dignité jusque dans les sujets les plus
familiers ; et c'est ce qui fait qu'on trouve
des détails si ignobles dans l'*Iliade*, et
tant de dignité et d'élévation dans certaines fables de la Fontaine.

Il y a donc eu, selon les théistes et la
raison, une parole de Dieu aux hommes,
fixée, confirmée, développée peut-être
par l'*écriture*. Cette parole doit convenir
à tous les hommes et à toutes les sociétés,
à tous les besoins des uns, à tous les états
des autres ; et de même que l'état domestique et primitif de société est le
germe de l'état public, les lois simples
et primitives seront le germe des lois
subséquentes et développées de la société
perfectionnée.

*Tu adoreras ton Dieu, et tu le serviras
lui seul.*

---

(1) *Naïf* n'est que le mot *natif* contracté, et cette
observation n'est pas indifférente au sujet que je traite.

Loi fondamentale de la souveraineté
de Dieu sur les hommes, et qui exprime
les rapports généraux de la créature intelligente et corporelle avec son Créateur,
rapports qui consistent à l'adorer par son
esprit, à le servir par ses sens, à l'aimer
par conséquent; car l'amour est le principe de nos volontés et de nos actions
sociales.

L'amour *est donc le principe du* pouvoir, *ou plutôt il est le pouvoir lui-même,
puisqu'il donne à l'esprit et au corps le*
vouloir *et le* faire; et *comme* l'amour de
soi *est le principe du pouvoir dans la
société de soi* ou société domestique,
l'amour des êtres semblables à soi *est le
principe du pouvoir dans la société des
êtres semblables à soi*, ou la société
publique. Cette proposition fondamentale de la science de la société renferme
des conséquences très-étendues, et elle
contredit directement le principe de la
philosophie moderne, qui fait de l'intérêt
privé, ou de l'amour de soi, la base de la
société des autres, et qui veut ainsi unir
les hommes entre eux, précisément par

ce qui est la source intarissable de leurs divisions.

La loi du *service* que l'homme corporel doit à l'Etre suprême, est développée par la loi qui suit, loi fondamentale du culte public, puisqu'elle y consacre chaque septième jour. On retrouve des traces de cette loi dans toutes les sociétes. Elle est aujourd'hui tolérée en France ; mais on n'y parle plus d'adoration ni de culte public envers la Divinité, depuis que J. J. Rousseau, reconnu fou par ses plus zélés partisans (1), a dit « Qu'à » quinze ans son *Emile* ne savoit pas s'il » avoit une ame, et que peut-êtré à » dix-huit ans il n'étoit pas encore temps « qu'il l'apprît ».

Tu honoreras ton père et ta mère afin que tu vives long-temps sur la terre.

La première loi étoit la loi du *souverain*, celle-ci est la loi du *pouvoir*; car le pouvoir, domestique politique et religieux, n'est que la *paternité* d'une famille

(1) Voyez sur sa démence réelle, et même héréditaire dans sa famille, les écrits contradictoires de deux de ses amis, *Dussaax* et *Corancez.*

ou domestique ou publique, ou particulière ou générale, le raisonnement le
prouve, et le langage usuel y est conforme.
Il appelle Dieu *le père* de l'univers, et les
chefs des nations les *pères* de leurs peu-
peuples. Les livres sacrés autorisent cette
interprétation, puisqu'ils nomment ex-
pressement le pouvoir *une paternité* (1);
et M. Bossuet lui-même trouve dans cette
loi le motif de l'obéissance que nous devons au pouvoir politique et à ses ministres.

Ce précepte ne s'adresse donc pas seulement à l'homme, individu qui chez les
juifs, comme chez les chrétiens, ne *vit pas
toujours plus long-temps sur la terre*, quoiqu'il *honore* ses parens, mais il doit s'entendre sur-tout de l'homme social ou de la
société domestique ou publique, qui subsiste plus long-temps heureuse et forte, à
mesure qu'elle *honore* son pouvoir, ce qui
même ne peut subsister du tout si elle ne lui
rend l'*honneur* et l'obéissance qui lui sont

_____

(1) *Ex quo omnis paternitas in cælis et in terrâ
nominatur.*

dûs. Cette interprétation est autorisée par
les livres sacrés qui se servent de la même
expression d'*honorer* en parlant des rois,
regem honorificate ; elle n'est donc pas
nouvelle ou différente de celle qu'on
donne ordinairement à ce passage , elle
est seulement plus générale; et puisque
le décalogue renferme, selon M. Bossuet,
*les premiers principes du culte de Dieu
et de la société humaine* , il est évident
que cette explication n'en est que la conséquence naturelle et le développement.

Dieu ne parle à l'homme que de dépendance, et point de liberté, parce que
sa véritable liberté n'est que sa dépendance.

Tu ne tueras pas.

Tu ne commettras point d'adultère.

Tu ne déroberas point.

*Tu ne porteras point de faux témoi-
gnage contre ton prochain.*

Tu ne desireras rien qui soit à lui,
etc. , et les autres.

Ces lois expriment les rapports des
hommes entr'eux, soit comme êtres intelligens et en rapport de pensée , soit

comme êtres physiques et en relation
de propriétés.

Ces lois, ces rapports, les hommes ne
les auroient jamais découverts, car relativement à Dieu, pour l'adorer et le servir, il faut en avoir l'idée, donc le signe
qui l'exprime ; car les signes servent à
penser comme à parler. Or, sans communication point de signes, point de parole, point d'idée par conséquent. Relativement à l'homme, il n'auroit pas découvert de lui-même la loi qui lui défend de nuire à son prochain, parce que
cette loi est en contradiction formelle et
continuelle avec le principe même de
l'homme, l'amour de soi et son intérêt
propre, et qu'aujourd'hui même qu'il la
connoît, cette loi, il n'a pas assez de raison, ni la société assez de force pour obtenir de lui qu'il la mette en pratique.
L'homme, il faut le dire, a horreur de sa
destruction, bien plus que de la destruction des autres. Même chez les peuples
adoucis par la civilisation, une exécution à
mort est le spectacle qui attire le plus de
curieux, et le métier de la guerre est,

comme l'a dit Voltaire, le plus naturel à l'homme, et celui auquel il s'accoutume le plus aisément.

On confond beaucoup trop, et surtout les femmes, la foiblesse de ses nerfs avec la tendresse de son ame. La sensibilité à ses propres maux ne part pas, il s'en faut bien, de la même source que la compassion aux peines d'autrui; c'est de l'amour de soi, de l'égoïsme, le mortel ennemi de l'amour des autres, et de là vient qu'on est toujours moins sensible aux malheurs d'autrui, à mesure qu'on l'est davantage à ses propres souffrances.

Un homme connu par les graces de son esprit définit la vertu dans un ouvrage qui vient de paroître, *une disposition naturelle, inhérente à tous les hommes à faire du bien aux autres*, et il en trouve la source dans la *sensibilité physique*. Si cela étoit, il n'y auroit pas plus de mérite à pratiquer la vertu qu'à cultiver la musique, ni plus de faute à être vicieux qu'à avoir l'odorat obtus ou l'oreille fausse. La vertu n'est pas une *disposition*, mais une *action*. L'homme a une disposition à se faire du bien à lui-même, *native ,* *inhérente* à l'individu, et il fait, contre cette disposition même, du bien aux autres par des motifs *naturels* à l'homme social. La *sensibilité physique* qui est plutôt foiblesse que force de tempéramment, fait les cœurs *tendres;* la raison éclairée fait seule les hommes *vertueux* ou forts, et l'on peut assurer en général, qu'à commencer par Caton, la *sensibilité physique* n'est jamais la mesure de la vertu, de la force d'ame, *virtus.* Je reviens aux lois.

Ces lois sont la base de toute législation morale, civile et criminelle chez tous les peuples, et on les appelle exclusivement *naturelles,* quoique toutes les lois doivent être *naturelles.* Ce sont les lois fondamentales du genre humain, le titre primordial de la fondation de la société, et les moyens généraux de sa conservation, « lois, dit Cicéron, aussi » anciennes que la Divinité, et qui ont » précédé la naissance des villes et des » empires »; idées du bien et du mal, » dit Mably; qui ont précédé l'établis- » sement de la société, » comme le rocher sur lequel on a bâti la maison, en précède la première pierre.

A cette source ont puisé tous les peuples, absolument tous, même les peuples souverains, et il n'en est aucun dans l'univers qui ait ignoré ce principe de toutes les lois, dont une tradition obscure a conssrvé la trace partout où l'écriture n'en a pas conservé le texte.

Ces lois fondamentales, germe de toute législation, renferment les premiers *principes du culte de Dieu et de la société humaine*, mais elle n'en développent pas les conséquences ; elles prescrivent, il est vrai, mais elles n'enseignent pas comment il faut obéir ; elles disent qu'il faut *adorer* le souverain et *honorer* le pouvoir, mais elles se taisent sur la manière dont l'un veut être *adoré* et l'autre *honoré* ; elles défendent de *tuer* et de *voler*, mais elles n'expliquent pas si le meurtre est toujours illégitime, et toute disposition de la propriété d'autrui criminelle ; en un mo*t*, elles énoncent le *vouloir*, mais elles n'apprennent pas et ne donnent pas le *faire*.

De là suit la nécessité de lois particulières, religieuses et politiques, morales
et civiles, explicatives des lois générales,
qui en fassent l'application aux différens
rapports de l'homme dans la société, et
qui, pour établir l'*union* entre les hommes, mettent l'*uniformité* dans les devoirs, comme la nature elle-même met
l'*unité* dans le pouvoir.

Ces lois particulières, la raison dit
qu'elles ne doivent pas être en contradiction avec les lois générales; qu'elles
doivent, au contraire, en être les conséquences plus ou moins éloignées, mais
toujours justes, et être, comme les lois
générales elles-mêmes, le résultat des
rapports naturels entre les êtres et l'expression de la volonté de leur auteur.
« Les lois seront bonnes, dit Mably,
» lorsqu'elles seront le rejetton des lois
» naturelles. Les lois politiques, dit Jean-
» Jacques, seront fondamentalles elles-
» mêmes, si elles sont *sages* ». Et il
appelle ailleurs une loi sage, une loi
conforme à la nature. « Ce n'est que dans
» la nature, dit Cicéron, qu'on peut

» trouver la règle qui sert à distinguer
» une loi sage de celle qui ne l'est pas ».
Tous les publicistes, absolument tous,
tiennent le même langage : tous s'accordent à reconnoître la nature, qui
n'est que l'ensemble des rapports entre
les êtres et des lois qui en résultent,
comme la seule régulatrice des lois. Mais
lorsqu'il faut déterminer le sens qu'ils
attachent chacun à ce mot *nature*, ils se
divisent, et ne s'entendent plus. Les uns,
comme Mably et J. J. Rousseau, suivis
par la foule des sophistes modernes, ne
voient la nature de l'homme que dans
l'état imparfait et purement domestique
de société, l'état sauvage, celui où la
famille n'est soumise à aucun état public
« de société; *philosophie vaine et trom-*
» *peuse qui veut ramener le monde à*
» *ses élémens*, dit saint Paul aux Co-
» lossiens, » et faire rétrograder la religion révélée à la religion naturelle, et
l'état politique à la famille. De là viennent les éloges extravagans que J. J.
Rousseau donne à l'homme des bois et à
la société sauvage, et à la faveur dont

jouit la religion naturelle auprès de nos modernes philosophes. « Ils volent la
» nature, dit très-bien Leibnitz, dans
» l'état qui a le moins d'art (c'est-à-dire
» de développement) ne faisant pas at-
» tention que la perfection emporte tou-
» jours l'art avec elle ». C'est aussi dans l'é-
tat accompli et parfait qui demande le plus
d'art que ce grand philosophe, après
Aristote et la raison, place la nature de
l'homme né pour se perfectionner, parce
qu'il est perfectible. Et c'est parce que
cet état naturel et accompli opposé à l'é-
tat natif ou *originel* est, pour l'homme
moral comme pour l'homme physique,
un état d'effort, d'*art* et d'action, qu'on
dit communément, et avec une grande
vérité, qu'il n'y a rien de si difficile à
atteindre que le *naturel*, soit dans les
ouvrages d'esprit, soit dans les manières.
Verum, dit Quintilien, *id est maximè
naturale quod natura fieri optimè patitur.*

Chez tout peuple où les lois particulières, religieuses ou politiques seront,
comme dit Mably, *un rejetton de lois
naturelles*, où elles seront *sages, donc
fondamentales*

fondamentales elles-mêmes, comme dit
J. J. Rousseau, là le pouvoir où le père
sera *honoré*; car les lois particulières,
religieuses ou politiques ne sont au fond
que la constitution du pouvoir, l'homme social *vivra long-temps sur la terre*,
c'est-à-dire que la société politique ou
religieuse subsistera; « mais, dit J. J.
» Rousseau, que je ramène ici par force
» à mes principes, si le législateur se trom-
» pant dans son objet, établit un prin-
» cipe différent de celui qui naît de la
» *nature* des choses, l'état (religieux
» ou politique) ne cessera d'être agité,
» jusqu'à ce qu'il soit *détruit* ou *changé*,
» et que l'invincible nature ait repris
» son empire ».

Voilà la théorie, et voici l'application:
1°. , le seul peuple de l'univers habité
qui ayant conservé par l'*écriture* la connoissance de la *parole* divine, a fait
l'application des lois générales aux circonstances particulières de son état social; ce peuple, dis-je, a *honoré* le
pouvoir puisqu'il l'a attendu, *et il a vécu*
long-temps sur la terre, mais lorsqu'il a

I

cessé de l'*honorer* en refusant de le reconnoître, il a cessé de *vivre* en société
et s'il vit encore il vit sans aucun
pouvoir, esclave de tous les pouvoirs,
étranger à tous les lieux, suspect a tous les
états, distingué de tous les peuples : il vit
ce peuple « que cinq mille ans n'ont pu
» détruire, ni même altérer, et qui est
» à l'épreuve du temps, de la fortune et
» des conquérans »!

2°. Tous les peuples, sans en excepter
un seul, qui n'ont pas connu la première
écriture, n'ont conservé qu'un souvenir
confus, des traits à demi effacés, *extrema
quædam lineamenta*, dit saint Augustin;
une tradition altérée de la première *parole* dont la mémoire ne peut entièrement se perdre dans une société, et
forme le caractère distinctif de la sociabi-
lité et comme le fil imperceptible qui
guide chaque peuple à son tour dans la
route de la civilisation.

Tous ces peuples ont reçu des lois qui
n'étoient pas des *rejettons des lois naturelles*, des lois qui n'étoient ni *sages*,
ni *fondamentales* elles-mêmes, parce

qu'elles ne dérivoient pas naturellement
des lois fondamentales. Ces sociétés , ou
plutôt ces peuples ont tremblé devant des
pouvoirs humains , et n'ont pas *honoré*
des pouvoirs naturels ; *ils n'ont donc pas
vécu long-temps sur la terre*, et n'ont fait
qu'y passer , funestes à eux - mêmes et
terribles à leurs voisins.

3º. Tout peuple, je parle des peuples
modernes , qui ayant connoissance de la
première *parole*, par la première *écriture* , en a fait la base de sa législation ,
a vécu long-temps sur la terre , et a vécu
plus fort et plus perfectionné , *plus naturel en tout*, à mesure que ses lois particulières ont été des conséquences plus
naturelles des lois générales , des *rejettons*
plus semblables à leur tige , des lois par
conséquent *plus sages* et plus *fondamentales elles-mêmes* d'une société , comme
les lois primitives sont fondamentales du
genre humain; et pour comparer ici l'une
avec l'autre, les deux sociétés qui parta-
gent l'univers , la société chrétienne et
la société mahometane ou idolâtre, qu'on
rapproche le développement toujours

croissant, la force expansive, les lumières, et j'ose même dire, les vertus du monde chrétien, malgré quelques éclipses partielles et des désordres individuels, de l'état d'abrutissement, de barbarie et d'oppression du monde anti-chrétien, et l'on verra l'un destiné à *vivre long-temps sur la terre*, parce qu'il *honore* celui qui en est le *pouvoir* universel, s'y fortifier et s'y étendre et l'on verra l'autre, mahométan ou idolâtre, qui ne le connoît pas, on ne lui rend pas l'honneur qui lui est dû, condamné à disparoître de la terre, se diminuer et s'affoiblir; et puisqu'on ne peut s'empêcher d'attribuer l'état foible et chancelant de la société mahometane (1) à l'absurdité de son théisme,

_____

(1) Tous nos efforts pour changer les habitudes politiques et militaires des Turcs, ont été inutiles, et cela devoit être. C'étoit s'obstiner à soutenir un édifice sans fondemens, où l'on ne vouloit pas voir que les connoissances (sociales) sont le résultat de la civilisation et que la constitution seule en est le moyen. Il n'y a jamais eu chez les peuples anciens que les Macédoniens, les Romains et les Spartiates qui aient su l'art de la guerre, parce qu'ils étoient plus constitués que les autres.

qu'on ait la bonne foi d'attribuer la
force et les progrès des nations chrétiennes à la perfection de leur religion ,
de cette religion élevée qui , éclairant
immédiatement l'intelligence humaine
sur les rapports les plus vastes et les
plus importans , ceux de l'homme
avec l'être infini , y produit un foyer de
lumière qui l'éclaire sur ses rapports
secondaires avec les autres êtres (1). Et
qu'on n'allègue pas les connoissances
relevées de quelques sages du paganisme;
car outre qu'ils ne savoient rien, puis-

_____

(1) La religion dit aux hommes : « Il existe des effets
» vous pouvez en user, mais il existe une cause première,
» et vous devez la connoître : voilà les *données* dont il
« faut partir pour la chercher , et la route que vous de-
» vez suivre; ne vous détournez ni à droite ni à gauche,
» vous vous égareriez infailliblement ». La philosophie
moderne leur dit : « Il existe des effets , jouissez - en ,
» manipulez, décomposez, combinez , soyez chimistes,
» géomètres , artistes ; mais n'allez pas plus loin : il
» n'existe aucune cause, et s'il en existe une, vous ne
» la trouverez pas ». Je le demande , quelle est de la
religion ou de la philosophie, celle qui s'oppose le
plus aux progrès de l'esprit humain? Aujourd'hui dans es
écoles on défend de parler de Dieu, d'ame, d'esprit.....
et les hypocrites accusoient la religion de nous inter-
dire les recherches, lorsqu'elle ne faisoit que les guider.

qu'au fond ils doutoient de tout , je de-
manderois qu'elle influence ont eue leurs
systêmes ou leurs doctrines sur le bonheur du peuple et l'état de la société ?

Si l'on m'opposoit la prodigieuse durée
de l'empire de la Chine , je répondrois
que la Chine n'est encore qu'une société
naissante , puisque toutes les foiblesses
de l'humanité y sont opprimées : ce qui
fait que cet empire , malgré son énorme
population , est le plus foible des états ;
sans cesse ravagé par les révolutions ,
ou asservi par la conquête. La vie d'une
société est sa civilisation et non sa durée.

Je vais plus loin , et à comparer entr'elles les sociétés chrétiennes , je remarque plus de force , et une existence
plus longue et plus glorieuse sur la terre
dans la nation où le pouvoir public et
religieux étoit le plus *honoré*, je veux
dire la France , où la constitution politique étoit plus naturelle que par - tout
ailleurs , et la religion mieux entendue
et plus sévère : et Condorcet , lui-même ,
s'en plaint ; et je vois les sectes réformées
et les états populaires , ces sociétés qui

cessent d'honorer le pouvoir public ,
puisqu'elles ne le connoissent plus que
de nom , et que gouvernées par des
pouvoirs particuliers , elles substituent
ainsi le pouvoir de l'homme à celui de
la nature et de son auteur , je les vois ,
dis-je , livrés en naissant à l'esprit de
contention et de révolte , vivre , ou plutôt végéter dans la haine et la guerre ,
pour finir bientôt dans l'anarchie et dans
l'athéisme , et annoncer par là que les
lois récentes qu'elles avoient reçues n'é-
toient pas *des rejettons des lois naturelles,*
qu'elles n'étoient ni *sages ,* ni *fondamen-*
tales, et que loin de *les faire vivre long-*
temps sur la terre, elles ne pouvoient que
hâter leur dégénération et consommer
leur ruine.

C'est ici que paroît avec la dernière
évidence la vérité de ce que nous avons
avancé , que l'homme imparfait et borné
ne se seroit jamais élevé de lui-même à la
connoissance des rapports fondamentaux,
des rapports parfaits qui existent entre les
êtres , et sur lesquels repose la société , et
que, moins encore , il auroit pu les faire

passer en lois , et y assujettir les autres
hommes, puisqu'il n'en a pas même su
tirer des conséquences justes et naturelles
lorsqu'ils lui ont été révélés, et qu'il a
détruit les lois générales par ses lois particulières.

Ainsi, de cette loi fondamentale, dont
une tradition ineffaçable avoit conservé
le souvenir, *tu adoreras ton Dieu, et tu
le serviras lui seul*, tous les peuples anciens, hors un seul, et même des peuples
modernes, ont tiré la conséquence qu'il
falloit adorer et servir une multitude de
Dieux , ou servir Dieu en opprimant
l'homme ; et de-là l'idolatrie avec ses
extravagances, et le mahométisme avec
sa barbarie; et même sous nos yeux, des
hommes se croyant éclairés, en tirent la
conséquence , les uns qu'il y a un Dieu,
mais qu'indifférent à nos actions et aux
événemens de ce monde, il demande de
nous une adoration purement spirituelle,
sans culte extérieur et commun ; les
autres, qu'il n'y a point de Dieu, et que
toute adoration est un préjugé, et tout
culte une superstition.

Ainsi, de cette loi *tu honoreras ton père et ta mère*, certains peuples sauvages en ont conclu qu'il falloit tuer et manger leurs parens parvenus à une grande vieillesse, pour les délivrer des misères de la caducité ; et même au milieu des peuples policés, des philosophes plus sauvages encore, ont avancé que l'enfant ne devoit plus rien à son père et à sa mère une fois qu'il étoit parvenu à l'âge de raison et de force, précisément à l'âge où il peut les *honorer* et les secourir; tandis que dans la société politique d'autres insensés, raisonnant sur les mêmes principes, concluoient qu'une nation parvenue à sa maturité ne doit plus *honorer* d'autre législateur qu'elle-même, et faisoient de toutes ces erreurs la base de leur législation religieuse et politique, domestique et publique.

Ainsi, lorsqu'il étoit dit aux hommes, *tu ne tueras point*, des peuples entiers, et des plus célèbres, obéissoient, obéissent encore à la loi du meurtre légal des enfans, ou de l'exposition publique. Ceux-ci établissent le divorce pour enlever à leur prochain la femme qu'il n'est pas même permis de desirer : ceux-là enfin qui n'ont pas ignoré cette loi fondamentale, *tu ne déroberas à ton prochain rien qui soit à lui*, ont porté des lois pour le dérober lui-même, et réduire sous le plus dur esclavage des familles, des nations entières.

C'est donc en tirant des conséquences justes des lois primitives et fondamentales, que l'être humain, pouvoir dans toute société, porte des *lois sages et fondamentales elles-mêmes*, des lois *rejettons des lois naturelles, et qui font vivre long-temps l'homme sur la terre;* des lois enfin qui sont l'expression de la volonté générale du souverain législateur de l'univers. « Ces lois, dit Charles Bonnet, sont en » quelque sorte le langage de l'auteur de » la nature, et l'expression *physique* de » sa volonté ».

Ici, le croiroit-on ? je me trouve d'accord avec la fameuse *déclaration des droits*. « La loi, dit-elle, est l'expression » libre et solemnelle de la volonté gé- » nérale ».

Mais les auteurs de cette mémorable déclaration entendoient par la volonté générale la volonté *collective* de plusieurs individus, ou la volonté populaire, imparfaite comme l'homme, et plus imparfaite quand elle sort du choc des intérêts et des passions entre plusieurs hommes ; et j'entends par volonté *générale* la volonté de l'être le plus général pour la conservation de la généralité des êtres, volonté parfaite, seule capable de régler des volontés imparfaites (1).

La force vitale d'une société, qu'on me permette cette expression, est donc le caractère auquel nous pouvons reconnoître la sagesse de ses lois et la constitution naturelle de son pouvoir ; et c'est aussi ce caractère que l'homme - dieu, pouvoir de la société religieuse, nous

---

(1) La grande erreur politique de J. J. Rousseau est d'avoir confondu la volonté *générale* et la volonté *collective* ou populaire, et la grande erreur *idéologique* de Condillac est aussi d'avoir confondu les idées *générales* et simples, et les idées *collectives* ou composées sous le nom d'idées abstraites ; méprise qui conduit à l'athéisme, comme celle de Jean-Jacques conduit à l'anarchie.

donne comme le signe auquel nous re-
connoîtrons la société qu'il a fondée ;
cette société, de laquelle il dit lui-même
que les portes de l'enfer ne prévaudront
jamais contre elle, parce qu'il est avec
elle tous les jours jusqu'à la consom-
mation ; cette société qu'il compare à
l'édifice bâti sur le rocher que les vents
impétueux des nouveautés humaines, les
efforts des passions, et la rage même de
l'orgueil ne sauroient renverser. Cette sub-
sistance, au milieu des combats, malgré
la variation continuelle des choses humaines, cette vie de force plus encore
que de durée (car le mahométisme dure
et ne vit pas) ne pouvoit pas être un
signe pour les contemporains de la naissance même de la société. Il est de nécessité absolue qu'ils en aient vu d'autres;
et au défaut même de l'histoire, la raison
nous diroit que l'être, dépositaire des
volontés divines devoit participer à l'action divine, et faire ce que les hommes
ne pouvoient pas faire pour accréditer
auprès d'eux des vérités hautes et sévères
qu'ils ne vouloient pas croire, et que si

la religion chrétienne a perfectionné la société, et résisté aux hommes et au temps, elle est divine; si elle est divine, son souverain est Dieu même; son pouvoir *est* de Dieu, et que cela posé, la raison apperçoit la *nécessité* de œuvres extraordinaires du fondateur, même avant que l'histoire en établisse la certitude. Mais si les œuvres merveilleuses du fondateur de la religion chrétienne font moins d'impression sur nous par l'habitude d'en entendre parler, ou par la distance des temps qui, à cause de l'imperfection de notre esprit, affoiblit, non la certitude ; mais la croyance des faits, comme l'éloignement des lieux, à cause de la foiblesse de nos organes, rend plus obscure, non la lumière, mais la vision de la lumière, l'âge du monde où nous vivons, et l'expérience bientôt de deux mille ans, nous donne des motifs de crédibilité plus forts encore parce qu'ils sont plus généraux, des motifs qui, par un effet contrair, deviennent tous les jours plus convaincans, et que la révolution qui s'est faite en France, et qui se pré-

paré en Europe, portera à un degré
d'évidence irrésistible ; ensorte que si les
contemporains de l'homme avoient, pour
croire les œuvres sur-humaines du législa-
lateur, les sujets du pouvoir ont, pour
croire, les effets divins de législation.

C'est donc l'homme - dieu, selon les
chrétiens, qui est venu promulguer par
une nouvelle *parole*, fixée dans une nouvelle *écriture*, une nouvelle loi, *l'amour
de Dieu et du prochain*, loi fondamentale d'une nouvelle société divine et
humaine, loi, développement *naturel* de
la loi primitive, puisqu'il dit lui-même
qu'il n'est pas *venu la détruire, mais
l'accomplir*, loi primitive à laquelle
il remonte directement ; lorsque chan-
geant d'autres lois, conséquences peu
naturelles ou imparfaites données passa-
gèrement à un peuple enfant, et qui ne
conviennent plus au peuple d'hommes
qu'il veut former, il dit : *Il a été dit à
vos pères. . . . Vous ne tuerez pas : et
moi je vous dis. . . . . Vous aimerez
jusqu'à vos ennemis*, etc.

Ces rapports, si l'homme les pou-

voit entrevoir, aucun autre législateur
que Dieu ne pouvoit leur donner force de
loi. La législation des natic chrétiennes
n'en est que l'application 	moins
développée, la société politique n'existe
que pour les faire observer, et telle est
l'influence du christianisme sur la législation des états, et le sort de l'humanité,
que dans toutes les sociétés, même politiques, à commencer par celle des Juifs,
il a resté, et il reste encore jusqu'au parfait établissement du christianisme, des
lois imparfaites, conséquences fausses,
quelquefois absurdes, des lois fondamentales ; et ce fait au-dessus de toute contradiction est la preuve de l'assertion que
j'ai présentée comme un axiome de la
science de la société : *que l'humanité a été*
opprimée dans tout état public de société
où l'homme-dieu (représentant l'humanité toute entière) *n'a pas été reconnu.*

L'homme chef de l'état politique, *mi-*
nistre de la Divinité pour faire le bien
et punir le mal, *minister Dei in bonum,*
si autem malum feceris, time, mais
pouvoir visible à l'égard des hommes

sensibles, tant qu'il ne contredit pas for-
mellement le pouvoir (1) supérieur dont
il est le ministre, ne doit donc promulguer de lois que celles qui sont les conséquences naturelles des rapports naturels
qui existent entre les personnes sociales
constitutives de toute société, *pouvoir*,
ministre, *sujet*; des lois qui fassent *adorer* le souverain et *honorer* le *pouvoir*,
et qui empêchent d'attenter à l'homme
dans sa personne et dans sa propriété,
c'est-à-dire pour réduire les lois à leurs
principes, et la société à ses élémens;
lois qui répriment l'action des passions,
destructives de la connoissance de Dieu
et de l'existence de l'homme; car ce
ne sont pas des lois, mais des réglemens
passagers et toujours provisoires, des
arrangemens locaux et de circonstances,
que toutes ces lois de *fiscalité* et de *commerce* qui encombrent le code des états
et la tête des administrateurs, et qui trop
souvent opposés aux vrais intérêts de

---

(1) *Nec possumus*, *nec debemus*, disoit au roi
le parlement de Paris, refusant son enregistrement à
une loi majeure relative à l'état public de la religion.

la

la société, ne sont qu'un compromis
entre la cupidité du prince et la cupidité
des sujets.

Le pouvoir doit donc attendre, pour
porter la loi, que la nature, ou l'ensemble
des rapports naturels entre les êtres,
qui, même à l'insçu de l'homme, dirigent les événemens, lui en indique la
nécessité. La nature, qui dans ce sens,
n'est autre chose que la volonté du créateur des êtres, auteur de tous les rapports qui existent entr'eux, prend donc,
pour ainsi parler, l'initiative des lois nécessaires, comme l'homme prend l'initiative des lois qui ne le sont pas.

Ainsi, les *mœurs*, ou lois naturelles à
l'état domestique de société, insensiblement développées, deviennent *naturellement* les lois politiques *naturelles* à
l'état public, telles que sont l'*unité* et la
masculinité du pouvoir, le droit de
primogéniture et l'inaliénabilité des do-
maines, lois fondamentales de l'état,
comme elles le sont de la famille, lois
dont les autres lois, moins importantes,
ou plus tard importantes, sont les consé-

K

quences plus ou moins éloignées. Ainsi,
à partir des Germains, dont les *mœurs*
ont été si bien décrites par Tacite, et
qui offrent les premiers pas d'une société
hors de l'état domestique, et pour ainsi
dire, son entrée dans le monde civilisé,
on peut, en venant jusqu'à nous, suivre
les progrès de la société, et le développement de nos lois politiques. Mais lorsque
l'homme a porté quelque loi qui n'est
pas le résultat d'un rapport naturel, la
société tombe dans un état de langueur
et de trouble qui avertit naturellement
le pouvoir de la nécessité de retirer une
loi qui introduit dans l'état un usage vicieux; et si le pouvoir, averti par ces
symptômes fâcheux de l'état de souf-
france du corps social, néglige d'y porter
remède, la nature le ramène à son devoir par des révolutions, comme elle
punit par les maladies, ou même par la
mort, l'homme physique à qui elle annonçoit depuis long-temps, par le dé-
rangement de ses fonctions, la présence
de quelque levain vicieux, parce que
l'homme et la société écartés des voies

de la nature, « ne cessent d'être agités,
» jusqu'à ce que l'invincible nature ait
» repris son empire ». La nature est donc
le premier et devroit être l'unique législateur des sociétés. De là vient que presque
aucune des lois politiques constitutives de
l'Europe monarchique, et particulièrement de la France, n'a de date certaine
ni (1) d'auteur connu, et que l'histoire
ne nous montre de législateur que dans
les états populaires, dont les lois, ou ce
qu'ils appellent ainsi, portent souvent,
comme à Rome, le nom de leur auteur :
Lex Valeria, Opimia, etc. C'est l'instinct
de cette vérité qui faisoit dire à Mably :
« Je crois avoir remarqué que les états qui
» se sont formés *avec le plus de lenteur* ont
» acquis plus de consistance ; alors chaque
» établissement trouve tous les esprits
» disposés à le recevoir », parce que

(1) L'histoire d'un état populaire est l'histoire de
l'homme et de ses actions bonnes ou mauvaises. L'histoire d'un état *un* est celle de la nature et de ses insen-
sibles développemens ; raison pour laquelle nous avons
de bonnes histoires des Grecs et des Romains, et que
nous n'avons pas une bonne histoire de France.

chaque loi a été précédée par quelque
chose qui l'a rendue nécessaire, et qui en
faisoit prévoir et desirer la promulgation ;
et malheur à la société où il se fait des lois
inattendues !

On voit la raison du peu de consistance
qu'ont pris en Europe certains états qui
se sont formés rapidement, comme ces
fruits mûris à force de chaleur artificielle,
qui n'ont ni couleur, ni saveur ; et sans
parler de la France démocratique, qui a
eu une croissance si rapide et une mort
si subite, voyez la Hollande formée en
peu d'années et détruite en peu d'instans!

Le pouvoir qui promulgue une loi nécessaire, résultat d'un rapport naturel
entre les êtres, comme par exemple celui
de la succession masculine, exprime donc
une volonté du souverain, conservatrice
des êtres qu'il a créés ; et celui qui promulgue une loi non naturelle, une loi
destructive de la société, comme seroit
la loi qui appelle les femmes au pouvoir,
cause interminable de troubles civils et
de guerres étrangères, désobéit à l'auteur de la nature, ou plutôt obéit à un

autre souverain, à l'homme, et à ses
caprices.

Ainsi, plusieurs lois portées en France
sur l'ordre des *ministres* du pouvoir, depuis la loi qui leur permit, il y a plusieurs
siècles, d'aliéner leurs terres, jusqu'à celle
qui, de nos jours, en bornant les degrés
de substitution, leur a défendu de perpétuer les biens dans leurs familles, et
par-là a défendu aux familles elles-mêmes
de se perpétuer, toutes ces lois, dis-je,
n'étoient ni nécessaires, ni naturelles :
elles ont été portées contre les *ministres*,
et par conséquent contre le pouvoir,
contre la société.

Mais si le pouvoir ne doit porter que
des lois dont la nature elle-même indique
la nécessité, que penser de la profonde
ignorance ou de la téméraire présomption
de ces hommes qui disent : *Assemblons-
nous, et inventons une société ;* comme
des ouvriers diroient : *Défrichons ce ter-
rain inculte,* ou *construisons un édifice ;*
et qui, faisant des lois par cela seul
qu'ils sont assemblés pour en faire, font
des lois sur tout, font des lois contre

tous , et les font nécessairement désastreuses , par cela seul qu'elles n'étoient pas *nécessaires*.

Après les détails dans lesquels nous venons d'entrer, il en coûte à l'homme qui a quelque justesse dans les idées, de discuter l'opinion de la souveraineté du peuple, *néant*, c'est-à-dire abstraction sans réalité, systême où Dieu n'est pas , où l'homme seul est tout , et même les extrêmes , *pouvoir* et *sujet* , faux puisqu'il est impraticable de l'aveu même de ses défenseurs , et où l'on est toujours placé entre une inconséquence et un blasphême. En effet , si l'on fait craindre aux apologistes de cette souveraineté que l'ignorance et les passions humaines n'égarent la faculté législative de l'homme ou du peuple , ils vous répondent , tantôt avec Jurieu : *que le peuple est la seule autorité qui n'ait pas besoin d'avoir raison pour valider ses actes* , tantôt que le peuple est *juste et bon* et qu'il né sauroit *faillir*, et par cela seul ils reconnoissent une *justice* et une *bonté* au-dessus du peuple, puisqu'il y conforme ses pen-

sées et une règle antérieure au peuple,
dont il ne peut s'écarter dans ses actions ;
et ils sont ainsi ramenés à la souveraineté
de Dieu , justice , vérité , bonté essentielles , auteur nécessaire de tout ordre.

D'autres, plus conséquens, soutiennent
qu'il n'y a de juste que ce que le peuple
permet, d'injuste que ce qu'il défend ;
et comme dans un pareil système, il faut
tout accorder ou tout rejetter, ils sont,
malgré eux-mêmes, poussés jusqu'à soutenir que la loi de Sparte, qui permettoit
au jeune citoyen, comme un exercice,
l'assassinat de son esclave, est aussi juste
que celle qui prescrit à un père de donner
des alimens à ses enfans ; et s'il objectoit
qu'il y a dans l'homme un sentiment naturel qui l'avertit de la barbarie de cette
loi, on lui répondroit que les Spartiates
n'éprouvoient pas sans doute ce sentiment naturel, lorsqu'ils la recevoient de
leur législateur, et la mettoient à exécution, ou que s'ils l'éprouvoient, il y a
donc un certain ordre *naturel*, différent
de la volonté de l'homme, puisqu'il est
antérieur à ses actions, indépendant de

de l'homme par conséquent, et dont un sentiment intime lui révèle l'existence, ce qui rameneroit encore la souveraineté de l'Etre suprême; on lui répondroit par l'opinion qu'ont eue sur la souveraineté du peuple, quand il en exerce les actes, les philosophes anciens , Cicéron surtout (1), et même les modernes, tels que J. J. Rousseau et Mably, lorsqu'ils daignent descendre des régions éthérées de leur théorie sociale; on lui répondroit encore mieux par l'exemple de l'Angleterre et de la France, où les lois les plus oppressives ont été portées, au nom du peuple, contre Dieu et contre l'homme, par ceux qui se disoient ses mandataires; leçon terrible , événement à jamais mémorable ; où l'on a vu , dans les deux siècles qui viennent de s'écouler , deux puissantes nations ravagées par leurs propres lois comme par une tempête, résister à leurs ennemis; et succomber sous leurs législatenrs.

_____

(1) *Jam vero stultissimum est illud existimare omnia justa esse quæ scita sint in populorum institutis aut legibus.* C1c. *De leg.*

CHAPITRE V.

Des ministres et de leurs fonctions.

Il faut ici rappeller les principes pour en suivre l'enchaînement. Le pouvoir suprême, infini ou général dans Dieu, *collectif* dans les hommes, appellé, dans l'un ou l'autre systême, le *souverain*, *veut* et *agit* d'ue manière *générale* ou *collective* ralative à la *généralité* des êtres, ou à une *collection* quelconque d'êtres.

Ainsi, les hommes, là où le peuple se dit souverain, veulent et agissent d'une manière *collective* dans leurs assemblées populaires, soit pour porter des lois, soit pour élire des hommes.

Mais l'être infini, général, ou Dieu, et l'être collectif appellé *peuple*, se servent d'un être *intermédiaire* pour faire entendre leur volonté à l'être fini, particulier, individu, et lui appliquer leur action, et faire ainsi de cette volonté et de cette action générales ou collectives, une volonté et une action spéciales et déterminées.

Le pouvoir subordonné, appellé dans les deux systêmes, *chef*, *autorité*, et dans cet ouvrage, le *pouvoir*, est cet être *inter-médiaire* entre Dieu et les hommes, ou entre le peuple et l'individu, c'est-à-dire entre l'être général et infini et l'être particulier et fini, ou bien dans le système populaire, entre les hommes collectifs et l'individu; et il est l'organe de la volonté du souverain, et le ministre de son action envers le sujet.

La volonté, acte de l'être simple sur des êtres simples ou intelligens, est indivisible, et l'on ne peut distinguer, dans la volonté, de commencement, de milieu ni de fin. La volonté n'est bornée ni par la distance des lieux, ni par l'éloignement das temps, ni par le nombre des hommes. L'homme veut par-tout, et même là où il n'est pas ; toujours, et même après lui; sur tous, et le même acte de ma volonté qui fait mouvoir mon bras, fait agir une armée. La volonté embrasse donc la généralité dans sa simplicité, et à cause de

sa simplicité même ; elle comprend le
présent et l'avenir, l'objet prochain et
l'objet éloigné, le tout et la partie, et la
volonté qui fit sortir du néant et exister
au dehors l'univers sensible, n'est pas plus
composée que la volonté qui tire mon
corps du repos et le transporte dans un
autre lieu.

L'action exercée sur les corps, sur l'être
composé, est par cela même composée
et divisible. Elle commence, elle continue,
elle finit ; elle est circonscrite à une portion de l'espace, bornée à une portion
de la durée, exercée sur une portion de
la matière ; une action se fait dans un
certain lieu, pendant un certain temps,
sur un certain sujet : et l'action de lancer
une pierre, demande bien moins de lieux,
de temps et de matière que celle de construire un édifice.

De la simplicité et de l'indivisibilité de
la volonté, il suit qu'elle est incommu-
nicable ; l'homme pensant ne charge jamais quelqu'un de vouloir pour lui, puisqu'il peut toujours vouloir lui - même.
C'est la pensée de J. J. Rousseau ; « la

» volonté ne peut jamais être repré-
» sentée ».

De ce que l'action est divisible et composée, il suit que l'homme agissant peut
charger quelqu'un de faire pour lui,
parce qu'il ne peut pas toujours faire lui-
même.

Ainsi, l'on ne donne jamais de *procu-
ration* à quelqu'un pour *vouloir*, mais
pour *faire*, puisqu'on *veut* d'avance ce
qu'il *fera*.

Ainsi, la volonté peut avoir des conseil-
lers qui l'éclairent, mais l'action doit avoir
des ministres ou *serviteurs* qui l'accom-
plissent.

Nous avons vu que l'action publique
du pouvoir s'appelloit *gouvernement* dans
l'état politique, *culte* dans l'état religieux.

Cette action, parce qu'elle est publique, excède l'action où les forces d'un
homme seul, et ne peut être exécutée
que par plusieurs hommes, publics, comme le pouvoir dont ils sont les ministres.

Ces ministres exercent donc par les
ordres du pouvoirpublic la fonction de

faire pour accomplir la volonté publique exprimée par la loi.

Deux choses sont nécessaires, pour l'exécution de la loi, 1°. la connoissance de ce qu'elle prescrit, et que j'appelle *jugement*, 2°. la destruction des obstacles qui s'opposent à l'exécution de la loi connue et que j'appelle *combat*.

Ainsi JUGER et COMBATTRE par le commandement du pouvoir sont la fonction essentielle de ses ministres.

Cette division comprend, comme on voit, les deux branches principales de tout gouvernement, l'état *judiciaire* et l'état *militaire*. La fonction de *combattre* doit être précédée et réglée par celle de *juger*, comme le corps doit être gouverné par l'esprit, et c'est ce que signifie cet axiome de jurisprudence, *que force doit demeurer à justice*.

Ainsi les ministres de la religion *jugent* dans leurs décisions l'homme qui répand une fausse doctrine et le *combattent* par leurs censures, et même à l'égard de chaque homme *fidèle* ou sujet du pouvoir religieux, le prêtre *juge* le coupable dans le tribunal secret et le *combat* ou le punit par la peine qu'il lui impose.

Les ministres politiques, appellés *juges, guerriers, magistrats, fonctionnaires publics*, jadis *noblesse etc.*, et considérés dans leurs fonctions publiques, *jugent* l'ennemi intérieur de l'état, et le *combattent* par le glaive de la loi, ou repoussent par les armes l'ennemi étranger.

Les *ministres* sont donc *nécessaires* dans toute société, comme un rapport *naturel* entre le *pouvoir* et le *sujet*. Aussi, ils ont existé sous une forme ou sous une autre, sous un nom ou sous un autre, dans toutes les sociétés religieuses et politiques. Ainsi, les tyrans ont des satellites pour contraindre leurs esclaves comme le pouvoir a des ministres pour gouverner ses sujets. Ainsi *Moloch* avoit ses prêtres qui lui immoloient physiquement des victimes humaines, comme le Dieu des chrétiens a son sacerdoce qui lui immole d'une manière mystique une victime humaine, seule digne de lui, et les sectateurs *purs* de la religion naturelle, qui traitent de *scélérat* l'homme

qui ese s'interposer entre l'homme et la
Divinité, n'ont-ils pas eux-mêmes dans
leur culte *théophilantropique* des hommes distingués des autres hommes par
leur costume, leur place, leurs fonctions
et leur solde; des hommes interprètes
des volontés de leur dieu-nature sur les
hommes, puisqu'ils les instruisent dans
la connoissance d'une loi qui doit éclairer
leurs volontés et régler leurs actions, et
ministres du culte des hommes envers
leur Divinité, puisqu'ils lui offrent, au
nom des assistans, avec l'hommage des
cœurs, les prémices des fleurs et des
fruits; car le sacrifice de l'homme intérieur et extérieur et l'offrande de sa
propriété sont l'action sociale et néces-
cessaire de toute religion, l'hommage que
l'homme fait de lui-même et de ses biens
au créateur de l'homme et de l'univers,
et qui, raisonnable ou non, mais rendu
par-tout où il y a des hommes et des nations, prouve à la fois l'ancienneté de la
tradition, et l'universalité de la croyance.

Le pouvoir domestique, lui-même, a
ses ministres, soit dans la *mère* ministre

de l'action productrice, soit dans les *serviteurs* ou *domestiques* ministres de l'action conservatrice de la famille, qui travaillent pour la nourrir ; car le *travail* est aussi effort et *combat* : *in sudore vultus tui comedes panem tuum.*

Pouvoir, *ministre*, *sujet*, trois personnes constitutives de toute société, même domestique, et essentiellement distinguées l'une de l'autre : mais *ces trois personnes ne constituent qu'un corps social*, proposition dans laquelle un lecteur attentif appercevra une des grandes analogies qui lient le système général des effets à la nature infinie de la cause.

C'est parce que les *ministres* sont une *personne* et les *sujets* une autre, qu'autrefois aux états-généraux, on votoit *par ordre*, et qu'on n'imaginoit pas de compter plusieurs *têtes* là où il n'y a qu'*une personne.*

C'est ici le lieu d'observer que ce qu'on appelloit en France les états-généraux composés de trois ordres, n'étoit que la réunion des trois sociétés,

religieuse,

religieuse, politique et domestique, dont
se compose l'ét t civil de toute nation.

C'est parce que le ministère social est
la fonction perpétuelle de *juger* et de
combattre , qu'il est appellé *ordre* ou
personnes *ordonnées*, disposées pour une
fonction qui demande de la *subordination*
dans les volontés, et une certaine *ordon-*
nance ou disposition dans les actions. Il
s'appelle aussi *milice* , ou personnes
dévouées, à *me lito* , je me dévoue; d'où
l'on a fait *mi lito* , je combats, je sers ,
par le seul changement d'*e* en *i* ordinaire
dans toutes les langues. On sait qu'en
France les hautes charges de la magistrature donnoient le titre de *miles*, che-
valier , et qu'encore les fonctions militaires s'appellent *service*.

Ce dévouement dans les ordres , qui
fait de leurs membres autant de *serviteurs*
ou de ministres de la société , donne le
mot de l'énigme que Rousseau se propose , et qu'il n'ose résoudre. « Quoi
» donc ! la liberté (de tous) ne se main-
» tient qu'à l'appui de la servitude (de
» quelques-uns), peut-être ». Si le mi-

L

nistère public est *nécessaire* dans toute
société, le respect des peuples pour ceux
qui l'exercent n'est donc pas un préjugé
sans raison, puisqu'il est le sentiment
naturel de la *nécessité* du ministère; et
dans les révolutions de la société, qui
ne sont qu'un déplacement de personnes
sociales, sa haine contre le ministère
pourroit n'être pas une prévention sans
motif, si elle n'étoit que le sentiment de
la dégénération du ministre; et comme
le pouvoir n'est présent à la société que
par son action, et qu'il n'agit que par ses
ministres, l'amour des sujets pour le pouvoir ou leur haine suivent inévitablement
de leur respect ou de leur haine pour les
ministres du pouvoir, et c'est à cette seule
cause qu'il faut attribuer les progrès ef-
frayans de l'esprit de révolte répandu en
Europe contre le pouvoir religieux et le
pouvoir politique.

Ainsi, les abus qui s'étoient introduits
dans le clergé, et qui depuis long-temps
demandoient une réforme *dans le chef
et dans les membres*, suivant l'expression
des conciles, furent la première cause des

progrès de la révolte de *Wiclef*, de *Jean Huss*, de *Luther* et de *Calvin*, pères de la philosophie moderne; et dans l'ordre politique, les jouissances domestiques préférées aux fonctions publiques, ou plutôt recherchées uniquement dans les fonctions publiques, et la vanité de la naissance mise trop souvent avant les devoirs de la noblesse, ont été une des causes de la révolution, et peut-être la plus prochaine, en excitant la jalousie des sujets contre les ministres; car les hommes n'envient que les jouissances, et jamais les devoirs.

Le ministre n'est donc plus élevé que pour être mieux apperçu, et il doit également défendre l'état par son action publique, et édifier (1) la famille par son exemple personnel.

Le pouvoir doit donc rappeller le ministre à la gravité de ses fonctions, s'il

_____

(1) L'acception morale donnée au mot *édifier*, *édification*, offre un sens profond, et signifie que tout ce qui est vrai et bon avance la consommation de l'édifice social. Cette belle doctrine est admirablement développée dans saint Paul.

veut maintenir le sujet dans l'obéissance, comme l'artiste perfectionne ses instrumens quand il veut perfectionner son ouvrage. Un peuple ne se déprave ou ne se corrige que par l'exemple de ses chefs ; c'est une colonne d'armée qui change de route lorsque la tête change de direction ; et jamais la société ne périt que par la faute du pouvoir chargé de la conserver.

De-là viennent les noms de *nobles*, *notables*, *noblesse*, *nobilité*, *notabilité*, de *notare*, *noto*, qui doivent se faire remarquer ; *gentilshommes*, *gentis homines*, *gentlemen*, hommes de la nation, parce qu'ils sont spécialement dévoués à son service, qu'ils doivent à la société le sacrifice de leurs passions comme celui de leurs personnes, et que leur vie privée doit être son modèle, comme leur vie publique est sa propriété.

Les ministres sont donc plus sujets que les sujets eux-mêmes, puisque, *sujets* comme eux à toutes les lois communes aux membres d'une même société, ils sont de plus *sujets* aux lois particulières à leur profession : et certes il pourroit se prolonger, mais il ne sauroit s'affermir, le gouvernement qui méconnoîtroit la *nécessité* de ministres dévoués, corps et biens, au soutien du pouvoir et au service des sujets.

CHAPITRE VI.

De l'état variable de société, ou du système des individus, système de l'homme ; et de l'état fixe ou du système des familles, système de la nature.

LA souveraineté, soit qu'on la voie en Dieu, ou qu'on la suppose dans l'homme, se manifeste dans la société par un pouvoir émané de Dieu, ou délégué par l'homme, et ce pouvoir institué suivant certaines lois, expression de la volonté du souverain, et dirigé par elles, agit au-dehors par des ministres qui participent eux-mêmes de la nature du pouvoir, comme le pouvoir lui-même participe de la nature de la souveraineté.

Le *pouvoir*, avons nous dit, est toujours exercé par un être humain, et par
un être unique. Mais, si ce caractère est
commun à toutes les sociétés, à quel
signe pourra-t-on distinguer le pouvoir
émané de la souveraineté de Dieu, ou le
pouvoir prétendu délégué par la souveraineté de l'homme?

Je dois répéter ici que j'entends par
pouvoir émané de la souveraineté de Dieu
et conforme à sa volonté, le *pouvoir*
constitué, sur ou par des lois politiques
ou religieuses (seules constitutives de
l'un ou de l'autre pouvoir), lois qui sont
le résultat des rapports *naturels* entre les
êtres dans l'une ou l'autre société, par
conséquent l'expression des volontés de
l'être créateur des êtres, et auteur des
rapports *naturels* qui les conservent. Car,
la société humaine est *naturelle* à l'homme,
comme la société divine ou religieuse :
elle est donc dans la volonté de l'auteur
de toute la *nature*, et par conséquent
il y a en Dieu des volontés politiques,
comme il y a des volontés religieuses et
même des volontés physiques, parce

qu'il y a entre l'homme et l'homme des rapports politiques, comme il y a entre Dieu et l'homme des rapports religieux, comme il y en a entre les êtres matériels des rapports physiques.

Laissons cependant l'épithète de divin exclusivement au pouvoir de la société religieuse, puisqu'il est *réellement*, c'est-à-dire *sensiblement* Dieu même (*car le sensible*, comme dit Mallebranche, *n'est pas le solide*), et appellons le pouvoir politique, *naturel*, lorsqu'il est constitué ou établi sur les lois naturelles, car il n'y a *d'établi* que ce qui est conforme à la nature.

Le caractère le plus marqué qui distingue le pouvoir *naturel* du pouvoir qui ne l'est pas, du pouvoir humain ou populaire, est, je ne dis pas la durée, mais la fixité de l'un, la variation de l'autre, car il y a fixité dans la nature et variation dans l'homme.

Le pouvoir est fixe par la perpétuité de l'homme qui l'exerce; car, puisque le pouvoir doit toujours être exercé par un homme, il y a un rapport évident

entre la fixité de l'homme et la fixité du
pouvoir, comme il y en a un entre la fixité
du pouvoir et l'immutabilité du souverain, de Dieu même.

Mais, lorsque le pouvoir est fixe, la
volonté qu'il promulgue ou la loi, j'entends la loi politique, la loi du pouvoir,
est *fixe*, ou *fondamentale*, et Montesquieu appelle les lois *fondamentales*,
des lois *fixes* : si la *volonté* publique ou
la volonté est fixe, l'*action* publique de
cette volonté (gouvernement ou culte),
est fixe ; donc la société est fixe ou stable,
donc la volonté de l'être immuable est
accomplie, puisque cette volonté a pour
objet la conservation des êtres dont la
société est le moyen.

La perpétuité des hommes-ministres
est donc une conséquence, non forcée,
mais naturelle ou nécessaire, de la perpétuité de l'homme-pouvoir, parce qu'il
est naturel que le moyen participe de
l'agent qui l'emploie.

La perpétuité de l'homme s'appelle
hérédité, et il y a ainsi une famille
pouvoir, des familles *ministres*, des fa-

milles *sujettes* ; la société est toute entière dans les familles , et l'on trouve
dans les trois personnes qui la composent ce caractère d'analogie qui est le
type constant , et comme le cachet dont
la nature marque tous ses ouvrages.

Dans la société, « ou le peuple en corps,
» dit Montesquieu , ou seulement une
» partie du peuple , a la souveraine puis-
» sance » , il n'y a nulle *fixité* dans la
volonté de ce souverain, « puisqu'un peu-
» ple, dit J. J. Rousseau, peut toujours
» changer ses lois, même les meilleures,
» car s'il lui plaît de se faire mal à lui-
» même , qu'est-ce qui a le droit de l'en
» empêcher ? »

Et comment y auroit-il de la fixité dans
la volonté du souverain, puisqu'il n'y en
a pas dans le souverain lui-même, puisqu'un peuple, même souverain, peut être
conquis ou asservi , et que cette souveraineté, semblable à un ombre vaine , lui
échappe toujours au moment qu'il croit
la saisir ?

Si le souverain n'est pas fixe, le pouvoir ne l'est pas davantage et passe avec

rapidité d'un homme et d'un parti à un
à un autre homme et à un autre parti ;
si la volonté ou la loi n'est pas fixe, l'action n'est pas plus fixe que la volonté,
les ministres ne sont pas plus fixes que
l'action ; nulle fixité dans les choses, nulle
hérédité dans les personnes, nulle perpétuité. Il y a des familles sujettes, mais il
n'y a que des individus pouvoir ou ministres, discordance dans les élémens
mêmes de la société dont elle ne tarde
pas à ressentir les funestes effets.

La fixité est *une*, et si elle n'étoit pas
toujours ce qu'elle est une fois, elle ne
seroit pas *fixité* ; la variation est infinie,
la fixité est donc force, stabililité, conservation : la variation est foiblesse, muta-
bilité, destruction. Ainsi, il y aura plus
de force dans une société, j'entends de
force de stabilité, à mesure qu'elle s'ap-
prochera plus de l'état fixe, naturel, ou du
système des familles ; et il y aura moins
de force de conservation, à mesure qu'elle
s'éloignera de cette fixité, et que l'état
variable, ou le système des inidividus y
sera dans un mouvement plus rapide.

Ces principes expliquent la force progressive de certains états, la foiblesse et
la détérioration progressive de quelques
autres; et sans sortir du même peuple
et du même territoire, on y voit également la raison de la prépondérance de
la monarchie française, et la raison de
l'extravagance et de la foiblesse de la démocratie de *Danton* et de *Marat*.

Ces mêmes principes peuvent s'appliquer à la force de la religion catholique
dont on trouve la raison dans la fixité du
pouvoir et dans la perpétuité du ministère, et à la foiblesse des sectes qui s'en
sont séparées, dont on apperçoit le motif
dans les variations de leur doctrine, et
l'amovibilité de leur ministère.

Les principes que nous venons d'exposer expliquent plusieurs accidens de
la société.

Nous avons dit, par exemple, que les
ministres devoient participer de la nature
du pouvoir; et parce que ce rapport est
naturel, on le retrouve dans le plus
grand nombre des sociétés.

Lorsque le pouvoir est amovible ou

variable, comme dans les états populaires, le ministère où les fonctions publiques sont amovibles comme le pouvoir, et même plus variables à mesure que
le pouvoir passe plus rapidement d'un
homme ou d'une faction, à un autre
homme et à une autre faction.

Lorsque le pouvoir se prolonge sur
une même tête, et qu'il devient *viager*,
il constitue une espèce de monarchie
viagère, vulgairement appellée *despo-*
tisme, expression qui ne désigne pas par
elle-même un vice d'administration, mais
une forme de gouvernement, et Titus,
Trajan et Marc-Aurèle n'étoient que des
despotes. Alors, les fonctions publiques
se prolongent dans les mêmes mains,
et même elles deviennent *viagères*,
comme le pouvoir.

Lorsque le pouvoir devient fixe par
l'hérédité, les professions sociales ou les
ministres deviennent aussi héréditaires,
c'est-à-dire que les ministres se constituent
avec le pouvoir, et dans cet état ils s'appellent *noblesse*, et forment *ordre* ou *mi-*
lice; établissement public, propriété de

l'état, qui correspond parfaitement à l'ordre du sacerdoce, ministère du pouvoir religieux, fixe et perpétuel par la consécration, comme la noblesse l'est par l'hérédité.

On voit à présent la raison pour laquelle les fonctions de *juger* et de *combattre*, et les propriétés ou *bénéfices* qui y étoient attachés, étoient simplement *viageres* sous les deux premières races des rois de France; et pourquoi elles sont devenues héréditaires sous le nom de *noblesse*, ainsi que les bénéfices sous le nom de *fiefs*, au commencement de la troisième, parce qu'alors seulement le *pouvoir* électif dans une famille devint fixément héréditaire dans l'aîné des mâles.

Dans les premiers temps d'une nation, et lorsqu'elle travaille à étendre son territoire plutôt qu'à se constituer en société, le pouvoir n'est presque jamais héréditaire, ou ne l'est qu'entre les individus d'une même race, sans distinction d'âge, de degré, quelquefois de sexe. La raison en est simple. Un état naissant a besoin de talens; et le régime variable ou le système des individus est plus favorable à leur développement, comme nous le verrons bientôt. D'ailleurs l'incapacité d'un chef ou sa minorité étoufferoit cette société encore au berceau : mais dès qu'une nation est étendue, établie, formée enfin, et qu'elle est assez forte pour supporter la constitution, alors elle se constitue, devient société, et la fixité ou l'hérédité s'établit par-tout, parce que l'état a besoin de vertus, et que le régime ou le système des familles est plus favorable aux vertus publiques, qui se transmettent par l'éducation et par l'exemple. Alors l'état, gouverné par des lois *fixes* et *fondamentales*, résiste aux troubles d'une minorité, et à la langueur d'un règne foible; et pourvu que cette foiblesse dans l'autorité ne soit que *passive*, et qu'elle ne veuille pas *faire*, la cour sera agitée par des intrigues, mais l'état ne sera pas renversé par des révolutions.

C'est par la même raison naturelle que le pouvoir, variable jusqu'à un certain point, et électif dans les deux premières races des rois de France, ne devint fixe

et héréditaire que sous la troisième: qu'en
Russie, Pierre premier, par instinct de
génie, ou plutôt par la nécessité des
choses, abolit en 1722 la succession héréditaire, dont les chances auroient pu
arrêter les développemens de cette société
naissante à la civilisation, et que Paul
premier la trouvant formée, s'est hâté
de la constituer en rétablissant, par une
loi récemment promulguée, la succession
héréditaire, retour à l'ordre naturel, qui
a accru dans cette société la force de stabilité, en ôtant à sa force d'expansion, et
sans lequel ce vaste empire seroit, au
premier revers, tombé peut-être dans
une effroyable dissolution.

La Pologne a suivi une marche inverse
et elle a dû déchoir à proportion que la
Russie s'est élevée. La succession au pouvoir avoit été dès l'origine élective en
Pologne comme dans les autres états de
l'Europe; et par la même raison. Elle y
étoit ensuite devenue héréditaire, et sous
cette forme, la Pologne marchoit à la
civilisation à peu près du même pas que
les autres nations catholiques, et sur-tout

plus vîte que la Russie. Mais à l'extinction de la dernière race de ses rois, cette société retomba dans l'enfance et revint au systême électif, non par aucune raison naturelle, mais par des raisons purement humaines, l'ambition de ses grands et la jalousie de ses voisins. Alors commença pour le Pologne une série de malheurs qui ont toujours été croissans depuis les nouveautés religieuses qui s'y introduisirent à la faveur de la déconstitution de son pouvoir, jusqu'à sa destruction réelle, opérée de nos jours, et qui dure encore ; et cette malheureuse société récemment élective, au milieu d'antiques états héréditaires, n'a fait que languir, et a péri enfin, comme un jeune arbre planté dans une vieille forêt.

Quoique la nature du ministère participe ordinairement de celle du pouvoir, et que cela même doive naturellement se trouver ainsi, cependant il arrive quelquefois que l'un des deux est fixe, et non pas l'autre, soit que cette discordance soit le produit d'une révolution, comme en Pologne, ou l'effet de l'habitude

bitude chez un peuple à demi - constitué comme en Turquie. Alors, l'état
souffre, parce qu'il n'y a point de fixité,
ni par conséquent de force réelle dans
un gouvernement dont l'action est *dirigée*
par un pouvoir variable comme en Pologne, ou *exécutée* par des ministres variables, comme chez les Turcs; et c'est ce
qui produit cette action déréglée qui
écrase le sujet, et ne peut défendre l'é-
tat. Ainsi, en Pologne, le pouvoir est
trop foible *contre* des ministres qui sont
les maîtres. En Turquie, le pouvoir est
trop fort *pour* des ministres qui ne sont
que de vils esclaves : et ces deux effets si
opposés en apparence, auroient dans
l'une et l'autre à la fois, les mêmes effets,
l'oppression de l'homme, et la dissolution de l'état, si l'oppression de l'homme
n'étoit tempérée en Pologne par l'influence de la religion chrétienne, et la
dissolution de l'état retardée en Turquie
par l'influence de la religion mahométane;
car le culte, même le moins raisonnable,
par cela seul qu'il consacre dans la société
une idée quelconque de souveraineté

M

divine, donne toujours de la force au
pouvoir politique, selon la judicieuse
remarque de M. Bossuet, en parlant du
paganisme.

Le ministère politique héréditaire s'appelle *patriciat*, lorsqu'au lieu d'être uniquement ministère du pouvoir, ou fonction publique, il est pouvoir ou *paternité*
(car *patriciat* et *paternité* ont la même
racine), et qu'il participe à la législation,
comme chez les Romains, et encore en
Angleterre, en Suède, en Pologne, à
Venise, dans le Corps germanique, etc.
Ces sociétés ne sont pas constituées ou
naturelles, parce que les *trois personnes
sociales* n'y sont pas entre elles dans leurs
rapports naturels, et que les mêmes *personnes* y sont à la fois *pouvoir* et fonction
du pouvoir ou *ministres* (1). Aussi ces

_____

(1) On voit par cet exemple que les expressions
générales *pouvoir, ministre, sujet*, semblables à des
expressions algébriques, sont, par leur généralité
même, plus propres à résoudre les problèmes semblables que présente l'état de la société. On a dit : *La
souveraineté réside dans le peuple;* et cette proposition a excité de vifs débats. Si elle eût été traduite
ainsi : *Le sujet est pouvoir;* elle eût paru absurde

états, qui tous ont eu plus ou moins de
force d'agression, n'ont montré presque
aucune force de résistance.

La variation du pouvoir, restreinte à
un petit nombre de familles, s'appelle
proprement *aristocratie* ; étendue à un
plus grand nombre d'individus, elle
forme la *démocratie*.

J. J. Rousseau prétend que « la démo-
» cratie peut embrasser tout un peuple
» ou se resserrer jusqu'à la moitié ». On
ne sait trop pourquoi, à moins que ce
ne soit pour éviter l'absurdité qu'il y
auroit à compter dans un état populaire
plus de pouvoirs et de ministres que de
sujets.

Il est reconnu aujourd'hui que ces
gouvernemens de *plusieurs*, ou *populaires*, sont l'état le plus fâcheux de
société, et même qu'une société ne peut

---

même à un enfant. De-là vient que dans la démocratie
française on a remplacé toutes les qualifications sociales
par celle de *citoyen*, expression vague et indéterminée
qui devant convenir comme épithète à tous les membres de la société, ne désigne précisément *aucune
personne* sociale.

subsister dans cet état. Les gouvernemens
populaires , ou *polycratiques* , que l'on
voyoit de nos jours, étoient des *munici-*
palités de l'Europe monarchique, plutôt
que des sociétés indépendantes. La Suisse
et même la Hollande avoient en France
et en Allemagne le pouvoir qui les con-
servoit, et la chûte de ces gouvernemens
a entraîné leur dissolution. Mais telle est
la différence d'une société constituée ou
naturelle à celle qui ne l'est pas, que la
France ne peut se rétablir de sa révolution qu'en ramenant le pouvoir à l'unité,
et que la Suisse et la Hollande ne peuvent
renaître qu'en s'écartant du systême variable de leur gouvernement précédent.

La fixité dans le pouvoir est donc l'état
le plus fixe de société, donc le plus durable, donc le plus fort, le plus naturel, le
plus conforme par conséquent à la volonté
de l'Être créateur et conservateur des
êtres; et comme par les lois immuables,
nécessaires de la conservation des êtres,
expression de la volonté divine, les êtres
tendent à se placer dans l'état le plus naturel, l'état *qui les fait être*, c'est-à-dire

qui les conserve , et à accomplir ainsi la
volonté de leur auteur , le pouvoir de la
société tend nécessairement , et indépendamment des hommes , à se constituer ,
et à constituer ses ministres, ce qui veut
dire que la société tend d'elle -même à
se fixer. J. J. Rousseau avoue cette vérité,
et la marche progressive du pouvoir vers
la fixité , lorsqu'il dit : « Le gouvernemeut
» passe de la démocratie à l'aristocratie,
» de l'aristocratie à la royauté ; *c'est là*
» *son inclinaison naturelle* , le progrès
» inverse est impossible» : et il la méconnoît , lorsqu'il s'étonne « du penchant
» qu'ont toujours eu les Polonais à
» faire passer la couronne du père au fils,
» ou au plus proche parent ».

Il est intéressant d'observer chez les
deux peuples anciens les plus célèbres, les
effets opposés des deux systèmes opposés
de société.

L'effet le plus constant et le plus sensible, est que toutes les sociétés qui ont
connu quelque fixité, ou dans le pouvoir,
ou dans les ministres, ont laissé des mo-
numens immortels de leur existence, et

que les autres n'ont fait que passer et
n'ont laissé d'elles que des souvenirs, c'est-
à-dire, que celles là ont eu de la force, et
que les autres n'ont eu que des passions.

Chez les Grecs démocratiques, il n'y eut
de fixité ni dans le pouvoir, ni dans les
ministres : aussi ces peuples-enfans, habiles
imitateurs de la nature physique dans
leurs arts (1), mais violateurs de la nature sociale par leurs mœurs infâmes et
par leurs lois atroces, vécurent avec bruit
plutôt qu'avec honneur, succombèrent
sans gloire, et périrent tout entiers ; et ce
qui prouve ce que j'ai avancé sur les effets
de la fixité du pouvoir, est que parmi tant
de peuples la raison ne compte que deux

_____

(1) L'histoire nous montre un rapport de temps et de
lieux entre l'oppression de l'homme social et l'imitation
de l'homme physique, et cela doit être. L'exposition
publique de l'homme purement *domestique* ou sauvage,
c'est-à-dire, en état de nudité, est une contradiction
dans les idées qui produit un désordre dans les actions.
Le moyen, dit Dupaty, *d'avoir des mœurs et des statues!*
L'école de peinture flamande ou allemande, l'école de
Téniers, exprime l'homme *domestique* ; l'école française, l'école de *le Brun*, exprime l'homme *public* ;
l'école actuelle, renouvellée des Grecs, peint l'homme
sauvage.

nations, les Macédoniens et les Spartiates, sociétés mieux constituées, dont l'une subjugua la moitié du monde, et domina la Grèce elle-même par la force qu'elle tiroit de ses lois politiques, et dont l'autre en fut l'honneur et le modèle par la gravité de ses mœurs.

A Rome, la jouissance du pouvoir, bornée à quelques familles, ne tarda pas à s'étendre à toutes, et cela devoit arriver ainsi. Mais à Rome, il y eut constamment un établissement fixe ou héréditaire, tantôt pouvoir, tantôt ministre du pouvoir dans l'ordre des patriciens et dans celui des chevaliers; et même il y eut de temps en temps, et dans les besoins extrêmes, un homme revêtu d'un pouvoir fixe, ou plutôt pour un temps *fixé*, sous le nom de dictature (1), « faculté précieuse, dit » Montesquieu, qu'avoit le sénat d'ôter la » république des mains du peuple », et il auroit pu ajouter : « de se l'ôter à lui-

_____

(1) Il y avoit même une ombre de royauté toujours subsistante dans le sénat. *Le prince du sénat*, nommé à vie par les censeurs, opinoit le premier, et avoit ainsi une sorte d'initiative dans la législation.

» même », puisque sous le *pouvoir* du dictateur, les sénateurs n'étoient plus que de simples ministres, comme sous le *pouvoir* du sénat, les ministres étoient les chevaliers, chargés même de la garde du sénat, puisqu'ils entouroient en armes le lieu de ses séances, et qu'ils exercèrent souvent la fonction de *juger*, et toujours celle de *combattre*. L'établissement héréditaire cessa à Rome par l'extinction des familles elles-mêmes, dans les troubles qui remplirent les derniers temps de la démocratie populaire, et les cruautés qui signalèrent les premiers temps de la démocratie militaire qui lui succéda, mais il avoit fait toute la force de Rome, et il avoit été le principe de sa grandeur.

« L'usage des noms héréditaires, dit
» le président Desbrosses, dans son traité
» du *méchanisme des langues*, a prodi-
» gieusement influé sur la façon de pen-
» ser et sur les mœurs ; on sait quel ad-
» mirable effet il a produit chez les Ro-
» mains. Rien n'a contribué davantage à
» la grandeur de la République que cette
» méthode de succession nominale, qui,

» incorporant , pour ainsi dire , à la
» gloire de l'état , la gloire des noms
» héréditaires, joignoit le patriotisme de
» race au patriotisme national ». Aussi
les Romains nous ont laissé leurs lois ,
les Grecs ne nous ont laissé que leurs
arts ; les uns commandent encore aux
citoyens , les autres servent de modèle
aux artistes.

J'aurois pu fortifier cette preuve par
l'exemple des Egyptiens qui les premiers
ont rendu fixes dans l'état, le *pouvoir* et
les *devoirs*, ou les fonctions, en les rendant héréditaires dans les familles , et
qui sont venus jusqu'à nous par des
restes si imposans de leur grandeur et
de leurs connoissances ; et plus encore
par l'exemple du peuple juif, contem-
porain de tous les peuples , et même le
nôtre , qui dans sa constitution théocra-
tique a connu l'hérédité des professions
sociales , car les familles lévitiques , différentes des familles sacerdotales , étoient
chargées du ministère public , et exer-
çoient la double fonction de *juger* et
de *combattre*.

L'Europe est trop avancée en âge, si j'ose le dire, elle a fait une trop longue expérience des avantages et des inconvéniens des deux systêmes généraux de société qui comprennent toutes les cons-titutions particulières, pour qu'il soit possible d'y rétablir, au moins pour long-temps et dans les grands états, le systême variable en y rendant le pouvoir électif; état funeste qui livre nécessaire-ment une société à l'influence constante des puissances voisines, et au retour pé-riodique des troubles civils, fait d'une nation un vaste marché où l'on met un prix à toutes les ambitions, et un taux à toutes les consciences, et conduit ainsi un peuple par la corruption à l'asservis-sement ! Il n'y avoit pas de pays en Europe ou régnât une vénalité plus scan-daleuse, que celui dont les grands exci-toient le vif enthousiasme de J. J. Rousseau pour avoir dit en latin : *Malo periculosam libertatem quam tranquil-lam servitutem.* Ce sophiste ne savoit pas que la liberté, au contraire, est toujours tranquille, et la servitude toujours ora-

geuse , et lui-même n'a-t-il pas vécu malheureux et agité , pour avoir préféré sa
sauvage indépendance à l'accomplissement des devoirs que la société impose
à tous les hommes ? On objecte contre
le système fixe les hasards de l'hérédité :
ces chances quelquefois fâcheuses pour
un état particulier conservent l'équilibre
général, en préservant la société universelle du double danger de la continuité
des règnes trop forts , et de la continuité
des règnes trop foibles. On peut même
assurer que l'élection , si elle pouvoit
être libre, donneroit au total plus d'hommes foibles que l'hérédité ; car les hommes
forts ravissent le pouvoir bien plus souvent qu'ils ne l'obtiennent.

Le système héréditaire ou fixe est dans
la nature de la société publique , parce
qu'il est dans la nature de la société domestique.

J'ignore si *Babœuf* ou le père *Du-
chesne* , dans le délire de l'égalité démocratique, ont soutenu qu'il est aussi honorable d'être charbonnier ou tisserand

(188)

que d'être magistrat ou guerrier (1);
mais je sais que le peuple plus vrai dans
ses sentimens que les sophistes dans leurs
opinions, juge bien différemment de cette
prétendue égalité. Il fait à l'artisan un
mérite d'avoir fait élever son fils dans les
arts de la paix et dans ceux de la guerre,
et il mépriseroit le magistrat ou le guerrier
qui auroit fait de son fils un artisan. Telle
est la force de cette disposition naturelle
aux hommes, moyen le plus puissant des
progrès de la société, que la famille su-
jette tend naturellement à sortir de l'état
purement domestique pour passer dans
l'état public de société (2). Dans une so-

---

(1) Lorsque sous la constituante il fut ordonné à tous
les citoyens de quitter les marques distinctives de leur
état , on vit les commis de la municipalité recevoir
affectueusement les charbonniers qui venoient déposer
leur médaille , et avec hauteur et morgue de vieux militaires qui venoient déposer leur croix de Saint-Louis.
On appelloit cela de l'égalité !

(2) Malgré les exemples de tant d'illustres revers, et
les conseils de l'auteur d'*Emile*, les plus zélés partisans
de ses principes élevés par la révolution , font donner à
leurs enfans une éducation *libérale* , et se gardent bien
d'en faire des charpentiers.

ciété constituée, une famille une fois parvenue à ce but s'y fixe , parce qu'elle
trouve dans l'inamovibilité du pouvoir un
obstacle insurmontable à toute ambition
ultérieure. L'on voit en effet dans les
états constitués les familles s'élever l'une
après l'autre jusqu'au ministère public
de la société , et très - peu retomber
dans l'état privé ou domestique. Elles
périssent plutôt qu'elles ne descendent.
Tous les raisonnemens des *niveleurs*, ou
des esprits chagrins ne prévaudront jamais contre cette raison naturelle et supérieure qui dit à l'homme, qu'il est plus
digne de lui , plus conforme à sa destination d'*agir* sur l'homme pour le service
de la société publique, que de *travailler*
sur la matière pour le service de la société domestique : et c'est la raison pour
laquelle les hommes en état de domesti-
cité ne jouissent nulle part de tous les
droits des autres citoyens.

Le lecteur n'a pas oublié sans doute
une proposition que nous n'avons fait
qu'énoncer et qui demande des développemens. C'est que le système amovible ou

variable de société , est plus favorable
aux talens qui créent les empires , et le
système fixe plus propre à produire les
vertus qui les conservent : et c'est ce qui
fait que l'un convient aux états naissans ,
et l'autre aux états formés, puisque même
l'état ne se forme qu'à mesure que la
constitution se fixe.

Cette explosion de talens militaires ou
oratoires, les seuls dont il s'agisse ici, est
l'effet naturel de l'amour de soi , et de la
passion de dominer, dont aucun obstacle
ne comprime l'essor dans une société sans
constitution fixe de pouvoir, puisque le
pouvoir pouvant être exercé par chacun,
y est comme un prix offert à tous. De là
viennent les efforts héroïques de courage
et les succès d'une éloquence populaire
que l'on remarque dans l'histoire de tous
les états démocratiques. « Les vertus
» guerrières, dit Montesquieu parlant
» de Rome, restèrent après qu'on eut
» perdu toutes les autres ».

Mais ces mêmes talens perdent l'état
qu'ils ont créé, parce qu'ils en font une
arène sanglante ouverte à tous les com-

battans, qui en s'arrachant mutuellement
le pouvoir, l'empêchent de parvenir à
cette *fixité* sans laquelle il n'est pas de
repos pour la société publique, ni même
d'existence assurée pour la famille.

Heureusement pour l'espèce humaine,
au système variable, au système de
l'homme qui crée par les talens, suc-
cède inévitablement le système fixe, le
système de la nature qui conserve par
les vertus, système qui s'établit naturellement et par la disposition naturelle de
tout homme à laisser à ses enfans les
avantages qu'il a acquis, et à les mettre
sur la voie d'en acquérir de nouveaux,
et par la tendance nécessaire de la société
vers sa constitution naturelle, l'inamovibilité du pouvoir, et la fixité de son
action. Or, ce système est, comme nous
l'avons dit, plus propre à produire la
vertu dans les hommes sociaux, *pouvoir*,
ministres, *sujets*.

La vertu, prise dans le sens le plus
étendu, n'est que la fidélité aux lois de
la société domestique ou publique, politique ou religieuse. Il y a donc des

vertus domestiques et des vertus publiques ; et toutes les vertus sont divines,
parce que Dieu est le souverain législateur de toutes les sociétés constituées.
Mais pour ne nous occuper ici que des
sociétés des hommes entre eux, la famille
et l'état , les vertus domestiques sont
très - distinguées des vertus publiques.
Ainsi, l'intégrité du juge et le courage
du guerrier, qui conservent l'état, ne
sont pas les vertus propres d'une femme;
et la chasteté qui conserve la famille n'est
pas la vertu propre du guerrier ou du
magistrat, et c'est même ce qui fait que
dans certaines conditions on se dispense
trop aisément de certains devoirs. Dans
les sociétés politiques ou religieuses, qui
n'ont laissé de pouvoir fixe ou constitué
que là où elles n'ont pu le détruire entièrement, que dans la famille, et qui,
ramenant le monde à ses élémens, comme
nous l'avons dit ailleurs, ne nous parlent
que de *religion naturelle* ou domestique,
et de l'homme domestique ou même sauvage, on ne parle aussi que de *mœurs*,
de *moralité*, ou de vertus domestiques ;
et

et il règne en général un grand *étalage*,
pour ne rien dire de plus, de *tendresse*
conjugale, paternelle, filiale, de *sensibilité* pour ses amis et ses amies, de *bien-
faisance* envers les malheureux. C'est
encore par le même principe que dans
les mêmes sociétés on compense les
fonctions publiques par des jouissances
domestiques, et que le sujet est plus
nourri et sur-tout plus amusé, dans les
gouvernemens qui lui interdisent toute
participation aux fonctions du pouvoir.
Dans plusieurs de ces sociétés politiques
et religieuses, non-seulement on recommande presque exclusivement la pratique
des vertus domestiques, mais on la pousse
jusqu'au rigorisme le plus dur, et souvent
le plus risible (1), dans le même temps
que l'on détruit toute vertu publique en
consacrant l'oppression par les lois. Ainsi
les dévots *puritains* interdisoient toutes

(1) Telle est l'inconséquence de l'homme, que dans
des sociétés mieux constituées, il tombe quelquefois dans
l'excès opposé, et qu'il ne remplit avec la plus scrupu-
leuse fidélité ses devoirs publics que pour s'affranchir
plus impunément des devoirs domestiques. Mai ici, c'est
la faute de l'homme, là c'est le crime de la loi.

N

sortes d'amusemens le dimanche, et dé-
fendoient comme des *vanités payennes*,
les petits pâtés qui se mangeoient à Noël ;
ils fatiguoient de leur morale farouche et
de leurs éternelles prédications la jeunesse facile de Charles II dans le même
temps qu'ils légalisoient l'oppression du
sexe foible par la faculté du divorce, et
qu'ils exhaloient contre des hommes, leurs
compatriotes, cet horrible *covenant*,
« composé, dit Hume, des plus furieuses
» et des plus virulentes invectives que
» jamais les êtres humains aient em-
» ployées pour enflammer leurs cœurs
» d'une haine sans relâche, contre des
» créatures de leur espèce ». La France
révolutionnaire n'a pas été exempte de ces
atroces et ridicules inconséquences, et
elles nous ramènent involontairement aux
usages de ces républiques anciennes où
l'homme respectant son *égal*, et opprimant son *semblable*, autorisoit par ses
lois le meurtre de l'enfant, du gladiateur,
de l'esclave, punissoit d'un supplice affreux la foiblesse d'une vestale, lors même
que pour de grands crimes, il n'infligeoit

qu'à regret , une légère peine au citoyen (1).

Le pouvoir fixé ou constitué , *va tout
seul* , dit M. Bossuet, *et avec la nature.*
Comme il est transmis sans effort , il
s'exerce sans violence ; car le pouvoir
qui doit toujours être fort, est dans l'é-
tat comme dans la famille , quelquefois
violent dans le premier âge de la société ,
et lorsque le sujet encore enfant refuse
de se soumettre au joug de l'obéissance.
Jamais , avec le pouvoir constitué , de ces
interrègnes qui remettent périodique-
ment la société en problème , elle n'a pas à
redouter ces furieux accès d'ambition et
de vengeance qui détruisent les familles
en troublant la paix des états : heureuse
si elle pouvoit se défendre des attraits
de la volupté , de cette philosophie foible
et sensuelle , de cette morale d'*Opéra*
qui lui présente le plaisir sous toutes les

_____

(1) Je recommande à l'attention du lecteur, cette
distinction entre les hommes *égaux* et les hommes *semblables.* Les lois des états payens tendoient à protéger
les hommes *égaux* ; et les lois des états chrétiens tendent
toutes à protéger les hommes *semblables* ou le prochain :
or, entre les êtres il n'y a point d'*égalité* , il n'y a
que des *similitudes.*

formes, et fait entrer par toutes les portes
ce dangereux ennemi qui sappe sans bruit
les fondemens même de la société : et
endort les sentinelles, *pouvoir* et *ministres* , pour les livrer sans défense aux
passions des sujets.

La fidélité dans les ministres est encore
une suite nécessaire de la perpétuité du
pouvoir, parce que la fixité de l'attache-
ment dépend de la fixité de son objet.
En effet , si l'on remarque dans les ministres des états populaires plus de ces
qualités brillantes qui produisent de grands
événemens ; on trouve dans les ministres
héréditaires des pouvoirs constitués ,
plus de cette fidélité inébranlable qui
résiste aux révolutions. On peut en
trouver la raison dans la nature même
de la société. La vertu n'est que l'habitude du bien, et l'habitude se forme par
les mœurs ou les coutumes qui , trans-
mises d'âge en âge , perpétuent dans la
famille la tradition des leçons et le souvenir des exemples ; car les mœurs ne
sont que les lois domestiques conservées
par la tradition. Les vertus publiques

deviennent donc ainsi des vertus domestiques, sur-tout lorsqu'elles sont fortifiées
par le respect pour le corps ou l'ordre
auquel la famille appartient ; ce qui produit la double force de l'esprit de famille
et de l'esprit de corps , pour retenir
l'homme dans le devoir ; *esprit de corps ;*
ressort puissant , mais ressort terrible ,
qui réagit infailliblement contre la main
foible , inhabile à le diriger.

Enfin, la fixité dans le pouvoir et dans
les ministres produit une fidélité , une af-
fection générale envers le gouvernement
dans toutes les classes sujettes , et particulièrement dans celles qu'une antique
hérédité d'occupations honorables ou
utiles, et une fortune légitimement et
lentement acquise, rapprochent de l'ordre
politique, et qu'elles disposent à y entrer
à leur tour , lorsqu'il vient à perdre de
ses membres par les professions mêmes
auxquelles ils sont dévoués.

Mais un effet très-remarquable de l'hérédité des professions publiques , est de
rendre aussi héréditaires les professions
domestiques ou arts mécaniques , et de

mettre ainsi les familles qui exercent le même métier dans un corps ou *corporation*, comme la nature elle-même continue le même métier dans la même famille ; institution parfaite connue dans la monarchie égyptienne (1), et adoptée sous le nom de *maîtrises* ou *jurandes* dans tous les états chrétiens. Cette loi est le moyen le plus efficace que l'administration puisse employer pour surveiller et contenir, par le pouvoir un peu dur des *maîtres*, une jeunesse agreste et grossière, que la nécessité d'apprendre un métier soustrait de bonne heure au pouvoir paternel, et que son obscurité dérobe au pouvoir politique. On peut regarder la suppression des maîtrises comme un coup mortel porté à la société par ce philosophisme ignorant et perfide qui depuis long-temps en vouloit à toute fixité

(1) Le patriarche Joseph, dit un ancien auteur cité par Eusèbe, *défendit le foible contre le fort*, c'est-à-dire qu'il constitua la société ; car la constitution n'est pas autre chose. Cet auteur entre ensuite dans quelques détails sur les lois qu'il donna à l'Égypte, et qui sont les lois politiques de nos états constitués.

pour pouvoir plus aisément détruire tout à
perpétuité, tout ordre.

C'est donc avec raison que Montesquieu, disant plus vrai qu'il ne pensoit,
a donné l'*honneur* pour mobile au gouvernement constitué. L'honneur bien
entendu n'est en effet que la fidélité à
ses devoirs publics ou privés ; et l'on
dit également l'honneur d'une femme,
l'honneur d'un magistrat ou d'un guerrier, et l'honneur même d'un artisan.
C'est donc très-mal à propos qu'il a distingué l'honneur de la vertu, unique mobile, selon cet auteur, du gouvernement
populaire. Cette erreur, relevée par
Mably et J. J. Rousseau, qui remarque
avec raison *que la vertu doit avoir lieu*
dans tout état, a eu des suites graves, et
a égaré, dans notre révolution, bien des
hommes vertueux, dont les vertus em-
ployées comme les talens à soutenir un
mode de choses essentiellement vicieux,
n'ont servi qu'à *ordonner* le désordre, faire
mépriser les talens, et calomnier jusqu'à
la vertu !

Un des grands avantages des ordres et

des corporations est de donner au pouvoir de grandes facilités pour régler les
familles en réglant le corps auquel elles
appartiennent, et de régler l'individu en
réglant la famille dont il est membre. Le
pouvoir n'a, lorsqu'il faut régler, de
prise que sur les corps; et voilà pourquoi l'on voit des corps parfaitement
disciplinés composés d'individus qui ne
le sont guère.

Le pouvoir doit donc donner aux corps,
et sur-tout aux corps chargés du ministère public, des *constitutions* particulières, des *constitutions* qui règlent les
devoirs des corps envers l'état, ceux
de la famille envers le corps, ceux de
l'individu envers la famille : le pouvoir
doit régler les corps, sur-tout celui du
ministère public, *parce qu'il doit tout
régler dans des hommes qui doivent être
la règle de tous*. Le *pouvoir* le peut,
parce qu'il ne seroit pas pouvoir, s'il ne
pouvoit pas tout ce que demande la conservation et la perfection de la société (1).

_____

(1) Cet ouvrage devoit traiter de l'antique et naturelle

Il a existé en Europe une *constitution* particulière de l'ordre politique, connue sous le nom de *chévalerie*, qui n'a cessé qu'à l'établissement des troupes soldées, et de la magistrature acquise à prix d'argent; institutions récentes qui ont séparé deux fonctions naturellement insépables et jadis réunies, et qui ont soldé aux dépens du fisc ce qui étoit, et qui doit être attaché à la propriété de la glèbe. Les princes ont vainement tenté dans toute l'Europe de remplacer cette institution sublime à laquelle la France doit la considération dont elle a joui depuis, par une chevalerie de cour, sorte de *confrairies politico-religieuses*, qui n'obligent qu'à porter des marques distinctives, et à paroître à des cérémonies publiques, motifs dont la convenance ne compense peut-être pas le danger politique qu'il y a à diviser un ordre essentiellement indivisible, et à affoiblir ainsi la force de l'état

constitution du ministère public; mais cette seconde partie, avec nos mœurs et nos lois, paroîtroit un roman *austère*, et le public n'en veut que de *licentieux* ou d'*effroyables*; l'auteur l'a supprimée.

et l'action de son pouvoir. Car, là où la *distinction* n'est pas rigoureusement nécessaire, la *division* est inévitable.

Mais, si le système fixe, ou celui des familles, doit être le système de la constitution qui se maintient par les vertus, le système variable, ou le système des individus doit être celui de l'administration, qui, avec des vertus, demande encore des talens. Je m'explique : le ministère de *juger* et de *combattre* pour la conservation de la société est la fonction générale de l'ordre qui y est dévoué, et la destination naturelle de chacun des membres qui le composent. Cette destination qu'ils tiennent de leur naissance, là où cette hérédité est une loi de l'état, forme leur caractère politique, et un noble naît dans ces sociétés avec le caractère de *dévoué* au service de l'état, par la seule et même raison que dans une famille où une maîtrise d'architecte seroit substituée à perpétuité, l'enfant naîtroit avec le caractère de maître architecte.

Ce caractère ou devoir de servir l'état dans la fonction de *juger* et de *combattre*,

ne demande pour les rangs inférieurs de
cette milice, que des vertus, celle de l'o+
béissance sur-tout, la première et la plus
facile de toutes, puisqu'elle s'accommode
à tous les caractères, comme à tous les
tempéramens ; mais les grades supé-
rieurs demandent des talens, et ne doivent pas plus être héréditaires que ne le
sont les talens. Un état populaire ne connoît aucune fixité, pas même dans le devoir ; et comme il a fait un législateur
d'un maître à danser, il renvoie un général au métier de comédien, ou à celui de
brasseur de bière ; mais l'état monarchique donne souvent dans l'excès opposé et
rend héréditaires des grades de fonctions
qui ne doivent être que viagers. Cet abus
s'introduisoit en France, non dans les loîs
qui, même pour une place inférieure de
la fonction de *juger*, vouloient que le fils
qui succédoit à son père reçût l'approba-
tion de la compagnie, et de nouvelles
provisions du gouvernement, mais dans
les usages, et à dater de la vieillesse de
Louis XIV, il semble qu'il s'établissoit
peu à peu, une succession presque régu-

lière à des places importantes de l'administration de l'église ou de l'état, qui auroient fini par devenir patrimoniales et
entrer, comme autrefois, dans des parta-
ges de famille ; et comme on ne consul-
toit pas toujours les intérêts de la société
dans cette hérédité, on ne respectoit pas
mieux les lois de la nature, et l'on accor-
doit fréquemment des dispenses d'âge,
coutume immorale qui fait à la longue
plus de mal à l'état en affoiblissant le respect dû à l'ancienneté d'âge, que le sujet
dispensé ne peut, quel qu'il soit, lui
être utile par ses talens.

La perpétuité d'emplois importans dans
les mêmes familles a encore l'inconvénient
de diviser l'ordre du ministère public en
deux classes nécessairement opposées, l'une
des familles qui obtiennent toujours, et
l'autre des familles qui méritent quelquefois. L'ordre du ministère public se change
ainsi en une véritable *olygarchie*, et
il n'y a qu'un pas à faire pour que l'état
entier tombe dans la démocratie dont
les *olygarques* les plus favorisés deviennent assez souvent les plus ardens instiga-

teurs. *Tout ce qui divise, détruit* : c'est
l'oracle du fondateur de toute société; et
si la devise de l'état populaire est *diviser
pour régner*, la devise de la société constituée est *régner pour réunir*.

L'ordre dévoué au ministère public est
donc, là où il est dans sa nature, un corps
de familles chargées des fonctions publiques de *juger* et de *combattre*, et un
séminaire d'hommes propres à remplir
les grades éminens de ces fonctions,
d'hommes qui doivent trouver dans leurs
familles des leçons de fidélité à l'état,
dans leur corps des exemples d'honneur,
et dont l'éducation et les habitudes doivent développer les talens et fortifier les
vertus. Je ne dis pas que cela soit toujours ainsi, mais je dis que cela doit être,
que cela peut être, que cela même a été,
et qu'il n'est pas impossible que cela soit
encore. Je ne répéterai jamais assez que
je m'occupe de la société et du général, et point du tout de l'homme et
du particulier.

Ici se présente une réflexion importante. L'état populaire appelle au *pouvoir*

tous les individus, et il l'expose, comme
un prix, à la vue de toutes les ambitions.
L'état constitué appelle aux *fonctions du
pouvoir* toutes les familles, et il les propose comme un devoir à celles qui demandent à être admises dans l'ordre
chargé du ministère public. De cette
différence, prise dans les principes même
de deux systèmes, le système des individus et le système des familles, il résulte
naturellement qu'il y a plus d'agitation
dans l'état populaire, et un mouvement
de progression plus lent, mais plus uniforme et plus réglé dans un état constitué, et que dans celui-ci il arrive moins
fréquemment que dans l'autre que l'individu s'élève des derniers rangs de la
société aux premières places du gouvernement. Il faut, dans un état constitué,
que la famille, après avoir acquis, dans
l'état domestique, assez de fortune pour
n'y plus songer dans l'état public, entre
dans l'ordre chargé du ministère public,
et qu'elle y fasse, pour ainsi dire, son
séminaire et ses *exercices* avant que quelqu'un de ses membres mérite d'occuper

les premiers grades de la *milice* : institution *naturelle* assurément, et qui, pour
former le vrai citoyen, réunit les vertus
que donne l'esprit de famille et de corps
aux talens que l'homme tient de la nature. C'est précisément ce qui fait que si
l'on remarque des qualités plus brillantes
dans les héros des états populaires, on
trouve plus de fidélité, de désintéressement et de modération dans les grands
hommes des sociétés constituées ; car les
vertus rendent les talens plus utiles en
les rendant plus modestes. L'état doit
donc favoriser cette tendance qu'ont
toutes les familles à passer de l'état purement domestique à l'état public, tendance louable en elle-même, puisque
l'état domestique de société, n'est que la
société *de soi*, et que l'état public est la
société *des autres*, et qui ne cesse pas d'être
louable, même quand les motifs person-
nels de l'homme seroient vicieux. L'ennoblissement a un autre effet plus général,
plus moral et par conséquent plus politique ; car le politique et le moral sont une
même chose : il empêche l'accumulation

excessive des richesses dans les mêmes
familles , et établissant un autre moyen
de considération que l'argent , il donne
aux sentimens , aux opinions , à l'esprit
public enfin , une direction plus noble ,
plus digne de l'homme , et par là même
plus utile à la société.

Or, assurément on ne pouvoit se plain-
dre en France que de l'excessive facilité
de l'ennoblissement ; et tandis qu'un
meunier hollandais , ou un aubergiste
suisse sans activité , comme sans desirs ,
bornés à servir l'homme pour de l'argent ,
ne voyoient dans l'avenir , pour eux et
leur postérité , que le moulin et l'enseigne
de leurs aïeux , un négociant français , riche
de deux cents mille écus entroit au service de l'état , achetoit une charge et
une terre , plaçoit un fils dans la robe et
un autre dans l'épée , voyoit déjà en pers-
pective la place de président à mortier
et celle de maréchal de France , et fon-
doit une famille politique qui prenoit
l'esprit de l'ordre à la première généra-
tion , et les manières à la seconde. « C'est ,
» dit Montesquieu , une politique très-
» sage

» sage en France, que les négocians n'y
» soient pas nobles, mais qu'ils puissent
» le devenir ». S'il y avoit un abus, c'est
que la famille-sujette devenoit souvent
famille-ministre avant d'avoir fait une
fortune assez considérable, je ne dirai
pas, pour soutenir son rang, mais pour
en remplir efficacement les devoirs. Car,
dans une société opulente, telle que le
sera toujours notre France, il n'y a pas
de condition plus dure et plus doulou-
reuse, que celle d'un noble indigent, sur
qui pèsent toutes les charges de l'état public de société, sans qu'il puisse jouir des
facilités que présente pour s'enrichir la vie
domestique et privée.

On a déclamé contre l'usage des enno-
blissemens à prix d'argent, mais on n'a
pas fait attention qu'il est raisonnable et
naturel de faire preuve de fortune pour
être admis dans un corps où tout moyen
de faire fortune, où le desir même de la
fortune doit être interdit, et que l'homme
en société étant essentiellement propriétaire, toute profession nécessaire à la société doit supposer la fortune ou la donner.

O

Ce qui prouve combien se sont trom-
pés et ont trompé les autres ceux qui ne
voyoient en France ni liberté, ni égalité,
et qui ne voyoient que liberté et qu'é-
galité dans les états populaires, est que
c'étoit précisément dans les états où le
pouvoir n'est pas constitué, en Suisse
particulièrement, que les familles sujettes,
fixées dans la dépendance, ne pouvoient
parvenir à être *familles* de l'état ; c'est-
à-dire, à y gouverner à leur tour. Cette
servitude, il est vrai, étoit compensée,
dans ces petites démocraties, avec de
l'*aisance* et des jouissances domestiques,
comme elle l'étoit dans les démocraties
anciennes avec du *pain* et des *spectacles*;
et ces peuples s'en contentoient. Ainsi,
tandis qu'il eût fallu faire une révolution
dans la constitution du canton de Zurich,
pour qu'un riche propriétaire de la cam-
pagne pût devenir bourgeois et membre
du sénat, en France où la dignité de
l'homme étoit connue et respectée bien
avant qu'on en eût proclamé les droits,
les lois politiques favorisoient la juste ému-
lation qui portoit les familles à s'élever

de l'état purement domestique de société
jusqu'à l'état public ou au ministère politique. Une fois qu'elles y étoient par-
venues, la carrière étoit ouverte à leurs
desirs, et toutes les places étoient dues
à leurs services. La première de toutes
les décorations, qu'on appelloit *les ordres
du roi*, ne demandoit que cent ans d'ad-
mission dans le ministère public; et bien
loin qu'aucune loi exclût même du rang
suprême un individu, une famille ou une
classe de Français, la constitution les y
appelloit tous, sans aucune distinction,
en cas d'extinction de la famille qui l'oc-
cupoit, et déclaroit le *pouvoir* lui-même
*une substitution à laquelle tout Français
étoit appellé.* On dira peut-être que les
occasions de s'élever du rang obscur au
faîte des honneurs sont extrêmement
rares dans les états constitués; et je ré-
pondrai sans balancer que les hommes
dignes de cette élévation sont toujours
plus rares que les occasions.

Ce que nous avons dit de la nécessité
de ne pas rendre héréditaires dans les
familles les places éminentes de l'admi-

nistration , à cause des talens qu'elles exigent , ne sauroit être appliqué à la plus éminente de toutes , au *pouvoir* , qui , dans un état formé , ne demande que la vertu , ou le respect pour la constitution et les lois domestiques , politiques et religieuses. Les grands talens sans une extrême sagesse qui en dirige l'usage , y sont même plutôt dangereux qu'utiles ; car les talens veulent *faire* , et dans un état formé et constitué , il ne faut que maintenir , et *faire* est synonyme de *révolutionner*.

Le pouvoir constitué est dans la société comme la clef de la voûte contre laquelle toutes les parties viennent s'appuyer , et qui soutient leur effort , et les maintient en place par sa position seule. En général , il suffit d'un grand homme qui donne la première impulsion à la machine de l'état , et ses successeurs ont toujours assez de talens lorsqu'ils savent en régler et en entretenir le mouvement.

Ainsi, Charlemagne a donné à l'Europe chrétienne l'impulsion qu'elle conserve encore , et chacune des sociétés qui la composent a fait d'autant plus de progrès vers la perfection sociale, qu'elle a été plus fidelle à la direction reçue de ce puissant moteur ; génie étonnant, qui connut ces lois fondamentales de la société que nous cherchons encore mille ans après lui ; grand pour les contemporains témoins de ses exploits, mais bien plus grand pour les âges suivans, qui recueillent le fruit de ses vastes pensées : tel que ces tours antiques dont l'œil ne peut qu'en s'éloignant embrasser les proportions et mesurer la hauteur.

Les succès prodigieux des guerriers français rendront à l'ordre politique des membres que la révolution lui a enlevés ; car c'est ainsi que finissent toutes les révolutions. Alors les haines étant éteintes, et peut-être les préventions dissipées, *on rendra à chacun selon ses œuvres*, et l'on remarquera que la noblesse française, considérée en ordre et dans ses fonctions publiques, ou individuellement et dans sa conduite privée, a retenu le caractère distinctif de sa profession, *la fidélité au pouvoir constitué*, soit qu'elle en ait dé-

fendu *l'unité* aux états généraux , ou
que, laissée à elle-même, elle ait montré
pour les principes démocratiques un éloignement trop prouvé par ses longs et
irréparables malheurs ; tandis que le militaire français s'opposoit, avec des efforts
surhumains de courage , de discipline et
de talent , au démembrement de l'état,
et même en reculoit les bornes par ses
conquêtes. Les nations voisines observe-
ront, comme un trait caractéristique de
l'esprit national qui régnoit en France,
et qui n'a pu y être étouffé même sous
les ruines révolutionnaires , que les uns
aient vu avec un secret orgueil les succès
de la France, lors même qu'ils sembloient
leur fermer à eux-mêmes le retour dans
leur patrie , et que les autres aient dé-
testé la tyrannie , alors qu'entraînés par
la force irrésistible des circonstances , ils
obéissoient aux tyrans , également braves
contre l'étranger , et généreux lorsqu'il
leur étoit permis de l'être, envers d'in-
fortunés compatriotes que la tourmente
révolutionnaire jettoit entre leurs mains ;
et rétablie enfin de cette crise violente,

passage nécessaire peut-être de l'adolescence de l'homme social à sa virilité, la
France, telle que le père de famille, réu-
nira tous ses enfans, et sous les yeux de
la religion invitée à cet auguste banquet,
elle distribuera entre tous les consolations
et l'indulgence; elle ordonnera d'oublier
les fautes, elle fera plus, elle fera par-
donner les vertus; mais non contente
d'effacer au dedans les traces du désordre,
elle en réparera au dehors le scandale;
et devenue le modèle des nations, et la
pierre angulaire de la société après en
avoir été le fléau, elle poursuivra à travers les siècles, sa marche majestueuse
dans la route de la civilisation, forte de
ses anciennes vertus, plus forte peut-être
par ses derniers égaremens.

LA dissertation suivante nécessaire pour l'intelligence
de quelques passages du chapitre II, relatifs à l'existence de Dieu, ne pouvoit, à cause de sa longueur, entrer dans le texte ni même l'accompagner ; on a préféré
de la rejetter à la fin de l'ouvrage comme une *pièce
justificative* des propositions qui y sont avancées.

J'espère rendre *sensibles* au lecteur des vérités, ce semble, purement intellectuelles et le faire convenir qu'ainsi

que la *théorie* des principes de la société devient évidente par une *application* continuelle aux faits extérieurs
et sensibles de la société, de même la *théorie* des principes de l'être intelligent reçoit un haut degré de certitude
des faits extérieurs et sensibles de l'être lui-même, faits
qui sont l'*expression* naturelle de ses pensées.

Dans ces deux théories, celle de l'être et celle de ses
rapports en société, consiste toute la méthaphysique.
Elle est donc une science de *réalités*; et si certains auteurs qui ont traité de l'être sont vagues et obscurs, et
si certains écrivains qui ont traité de la société sont faux
et dangereux, c'est que les premiers ont voulu expliquer
l'être pensant par l'être pensant, au lieu de l'expliquer par l'être parlant, qui est son *expression* et *son
image*, puisque la parole n'est que la pensée rendue
extérieure : et que les autres ont voulu expliquer la
société par des hypothèses de leur imagination, au lieu
d'en chercher les principes dans les faits historiques qui
rendent la société extérieure et sensible ; car les faits de
la société expriment la nature bonne ou mauvaise de ses
lois, comme les actions de l'homme expriment la nature
bonne ou mauvaise de sa volonté.

Cette dissertation, toute abrégée qu'elle est, est donc
aux principes de l'homme, ce que l'essai qui la précède
est aux principes de la société. On appercevra sans doute
dans l'une et dans l'autre le plan ou l'extrait de plus
grands ouvrages, et peut-être de bons esprits y puise-
ront-ils quelques idées salutaires, propres à rattacher à
un centre commun les opinions flottantes dans le chaos
des contradictions et le vague des incertitudes. Ainsi,
après une défaite qui a dispersé les combattans, le sol-
dat se rallie autour du premier drapeau qui lui indique

un moyen de défense, en lui annonçant un commencement d'ordre et de disposition.

J'invite le lecteur à relire les pages 43, 44, 45, 46,
dont la proposition énoncée à la page 46 peut être regardée comme l'extrait : *Que l'homme ne peut pas plus
idéer* (1) *l'impossible, qu'imaginer l'inexistant.*

L'homme *parle* de ce qu'il *imagine*, qui fait *image*,
qui est l'objet de ses sensations et qui tombe sous ses sens ;
il *parle* de ce qu'il *idée*, qui ne fait pas *image* et qui ne
tombe pas sous ses *sens*. J'*imagine* ou j'*image* (car
c'est le même mot) ma *maison* ; j'*idée*, je *conçois*, je
connois ma *volonté* ; j'*imagine* l'effet, j'*idée* la cause.

Quoique je me sois servi de cette locution négative
*qui ne fait pas image, qui ne tombe pas sous les
sens*, en parlant de ma volonté, ma volonté comparée
à ma maison, est le *positif*, comparé au *négatif* ;
puisque ma maison n'est et ne subsiste que par ma
volonté positive de la faire et de la conserver.

Le mot *penser, pensée*, convient à la fois à l'opération
intellectuelle d'*imaginer* et à celle d'*idéer*, puisqu'elle
exprime l'attention que l'esprit donne aux *images* et
aux *idées* pour en combiner les rapports.

Si l'homme qui *pense* ne peut avoir pour objet de sa
pensée que des *images* ou des *idées* ; l'homme qui *parle*
ne peut *exprimer* que des *images* ou des *idées* : c'est ce
qui compose le discours, véritable expression de l'être
intelligent, c'est-à-dire de l'homme qui imagine et qui
idée.

_____

(1) Le mot *idéer* me paroit préférable à ceux de *comprendre*
et de *concevoir*, parce qu'exprimant une connoissance moins
parfaite, il rend avec plus de vérité les opérations de l'intelligence humaine ou *finie*.

Si je faisois un traité *sur l'entendement humain*, je distinguerois les images qui viennent des différentes sensations, ou même les sensations qui ne produisent point d'images au moins *figurables*, telles que les sensations du *goût*, de l'*odorat* et du *tact*, sens de l'homme animal et physique, si on les compare aux sensations figurables de l'ouïe et de la vue, sens de l'homme moral et social : mais cette distinction n'est ici d'aucune utilité.

Je prononce *ville, arbre*; je reçois par le sens de l'ouïe la sensation d'un son; j'imagine ou *j'image* un objet, et cette image intérieure est *vraie*, puisque je peux la rendre *réelle* (1) et *présente* aux sens par le geste ou le dessin, le dessin qui fixe le geste, comme l'écriture fixe la parole.

Un Allemand a reçu la sensation des mêmes sons, puisqu'il les répète; mais il n'imagine rien à *l'occasion* de ces sons, puisqu'il ne trace par le geste ou le dessin aucune image.

Il prononce à son tour, *stadt, baum*. J'ouïs les sons et les mêmes sons, puisque je les répète, mais je n'*imagine* rien; lui il *imagine*, puisqu'il *figure*, par le geste ou le dessin, des villes et des arbres; où je vois clairement que les mots allemands *stadt, baum*, et les mots français *ville, arbre* expriment la même image.

Donc des sons différens peuvent exprimer une même image.

_____

(1) Les anciens n'avoient pas deux mots qui répondissent aux mots *vrai* et *réel*, sans doute parce qu'ils n'avoient pas les idées qu'ont sur cet objet les peuples chrétiens chez qui la *vérité essentielle s'est réalisée*. Aussi les mots *realis* et *realitas* ne sont pas de la latinité payenne, et n'ont été introduits que par nos théologiens.

(219)

Je prononce *volonté*, *cause*; je n'imagine ni una cause, ni une *volonté*, puisque je ne puis exprimer rien de semblable par le geste ou le dessin, qui expriment l'action et non la volonté, l'effet et non la cause; cependant j'*idée* quelque chose, puisque j'exprime mon idée, c'est-à-dire que je parle, que je m'entretiens, que je raisonne enfin avec moi-même ou avec les autres d'après cette idée, et que j'agis d'après ce raisonnement.

Mon Allemand a ouï les mêmes sons; mais il n'*idée* pas, puisqu'il n'exprime aucune idée par aucune parole, ni par aucune action.

A son tour, il prononce *will*, *ursach* (1), j'ouïs des sons, mais je n'*idée* rien, absolument rien, puisque je n'exprime aucune idée. Mon interlocuteur *idée* quelque chose, puisqu'il parle et qu'il agit d'après cette idée, où je vois clairement que *will* et *ursach*, *volonté* et *cause*, expriment une même idée.

(1) Un grand nombre de mots qui désignent cause, origine, source, commencent en allemand par ur: ursach, ursprung, urquell, urbild, etc.; et en latin par or, origo, ortus, oriri; c'est le même radical; car les voyelles ne sont rien dans la comparaison des langues. « Les langues, dit très-bien l'auteur » du *Méchanisme des langues*, diffèrent entre elles par les » consonnes, et les dialectes par les voyelles ». Les voyelles ne sont qu'un remplissage qui varie d'une contrée à l'autre, et l'on sait que la langue hébraïque s'écrit avec des points au lieu de voyelles, dont la valeur n'est pas fixée. Ott, prononcé à la manière gutturale et forte des peuples du Nord, a fait gott, gut, qui signifie chez eux l'*être bon*, ou la divinité; et cette même racine ott, qu'on croit celtique, se retrouve, avec sa signification de *bonté suprème*, dans ottimus ou optimus, superlatif de bonus. Malgré l'esprit de système de quelques étymologistes, et le ridicule jeté sur quelques étymologies, les langues seront regardées comme les archives du genre humain. C'est l'opinion des hommes les plus célèbres.

Donc des sons différens peuvent exprimer une même idée.

Mais je prononce *cabrictas*, ou tout autre mot forgé. Un Allemand, un Espagnol, un Français entendent tous le même son, le répètent ou l'écrivent; mais ils n'*imaginent* rien, ils n'*idéent* rien, puisqu'ils n'*expriment* rien, c'est-à-dire qu'ils ne *figurent* aucune *image*, et ne font aucune *action*.

Donc il y a des sons ou des mots qui peuvent n'exprimer ni images, ni idées, qui n'expriment rien.

Il est évident que pour les objets qui font *image*, et qui servent à l'homme physique, l'homme peut se faire entendre de son semblable par le geste au lieu de parole, et par le dessin au lieu d'écriture. On ne trouve donc pas dans l'homme physique ou animal, ni même dans la société purement *physique* des hommes entre eux, la raison de la nécessité du langage, ni par conséquent la raison de son invention.

La faculté d'*imager*, celle d'*idéer*, celle même d'*articuler*, ne sont pas une raison suffisante de l'invention de l'art de parler, puisque les animaux ont des images, ont des idées, selon Condillac, et même des idées abstraites; qu'ils ne sont pas tous privés de la faculté d'articuler, que plusieurs apprennent même à parler nos idées, et que cependant rien ne nous indique qu'ils parlent les leurs, ni même qu'ils aient besoin de parler, parce qu'égaux en instinct, dans chaque espèce, comme en appétits, ils se rencontrent par la réciprocité et la correspondance de leurs mouvemens, sans qu'il leur soit nécessaire de s'entendre par une communication de pensées.

On voit, pour tirer des conclusions-pratiques de tout

ce qui a précédé, la raison pour laquelle l'homme
enfant et les peuples enfans parlent beaucoup par *images*, c'est-à-dire, par le *geste* et le dessin ou l'é-
criture *hiéroglyphique*. C'est qu'ils pensent beaucoup
par *images*, qu'il *imaginent* beaucoup, ont beaucoup
d'*imagination*, et s'occupent plus des effets que des
causes, du particulier que du général. L'homme plus
instruit et les peuples plus avancés dans la civilisation s'occupent de *causes* ou d'objets généraux et
intellectuels, autant ou plus que d'*effets* ou d'objets
particuliers et sensibles, ils pensent beaucoup par
idées, *idéent* beaucoup, ont beaucoup d'esprit, expriment aussi beaucoup d'idées avec la parole et l'é-
criture des idées, ou l'écriture vocale, celle des hébreux, qui est la nôtre. Mais lorsqu'un peuple fait marcher
de front les *images* et les *idées*, qu'il cultive à la
fois son *imagination* et sa *raison*, il emploie aussi
dans son expression ou son discours beaucoup d'*images*
ou de *figures*, non des *figures* matérielles, comme
celles qui se font avec le geste ou le dessin ; mais des
figures idéales qu'on appelle *oratoires*, celles qui forment le style *figuré* et métaphorique. C'est ce qui fait
que la langue française est dans sa simplicité, la plus
métaphorique des langues, et que le peuple qui la
parle, malgré la modestie de son élocution simple et
sans geste, est dans son expression, le plus *figuré* de
tous les peuples.

Ainsi, un enfant a des *images* avant d'avoir des
idées; ainsi un peuple cultive son *imagination* avant
de développer sa raison; ainsi dans l'univers même, la
société des *figures* ou des *images*, le judaïsme, a précédé la société des idées ou le christianisme qui adore
ju suprême en *esprit* et en *vérité*.

On voit donc en comparant ensemble l'expression naturelle des images et l'expression naturelle des idées, que le geste est la *parole* de l'imagination, et que le dessin en est l'*écriture*. Et delà vient que les progrès des arts d'imitation prouvent bien moins chez un peuple ou dans un homme, l'étendue de l'esprit que la vivacité de l'imagination.

La correspondance nécessaire des idées aux mots et des mots aux idées, raison de toute communication de pensées par la parole, entre des êtres qui pensent et qui parlent, devient évidente par la méthode usitée dans l'enseignement d'une langue étrangère.

Un enfant qui fait un *thème* a des idées dont il cherche les mots, et celui qui fait une *version* a des mots dont il cherche les idées. Le premier va de l'idée connue au mot inconnu, le second du mot connu ou du son, à l'idée inconnue. Ainsi, l'enfant qui trouve dans son thème le mot *ravager* a une idée ; et le dictionnaire *français-latin* qu'il consulte lui indique le mot *populari* pour le mot cherché. Celui qui dans sa *version* trouve le mot *obedire*, a un mot sans idée, ou plutôt un son ; et le dictionnaire *latin-français* lui donne *obéir* pour l'idée qu'il cherchoit, et qui correspond à ce son ; ensorte que le dictionnaire est pour l'un un recueil d'idées, et pour l'autre un recueil de mots. Ce double exercice est également utile à l'acquisition des mots et au développement des idées, motif pour lequel il étoit pratiqué dans l'ancien système d'éducation, et ne peut être remplacé par aucun autre. L'enfant qui annonce le plus d'esprit, c'est-à-dire de facilité à développer ses idées et à en saisir les rapports, doit donc réussir dans la *version* mieux que dans le *thème* ; et c'est aussi ce qui arrive presque toujours.

Mais le mot a-t-il produit la pensée dont il est l'expression ? Non assurément, 1º. par la raison que tout objet est nécessairement antérieur à son image ; 2º. parce que si le mot produisoit l'idée, on ne pourroit expliquer pourquoi certains sons n'exprimeroient ou ne produiroient aucune pensée ; car, dans cette hypothèse, le mot étant l'unique raison de la pensée, une pensée devroit correspondre à chaque combinaison de son ; 3º. parce qu'il suffiroit d'*ouïr* une langue pour l'entendre.

La raison qui fait que les mots *volonté* et *maison* réveillent en moi une pensée (idée ou image) est que volonté *est* et que maison *existe* ; et la raison qui fait que le mot *cabricias* ne réveille aucune pensée (ni idée ni image) est que *cabricias* n'est point et n'*existe* point, et n'*est* ni intellectuellement ni physiquement.

Ainsi, si je n'avois vu aucune *maison*, et que je ne susse pas ce que c'est que *volonté*, je ne m'entendrois pas moi-même lorsque je prononce *volonté, maison* ; et ceux à qui j'adresserois ces mots ne m'entendroient pas davantage, s'ils n'avoient vu préalablement le même objet et acquis la même connoissance.

Donc, toutes les fois qu'un homme parle à d'autres hommes, et qu'il est entendu d'eux, il trouve nécessairement dans leur esprit des *idées* d'être ou des *images* d'existance revêtues des mêmes sons que ceux qu'il leur fait entendre, et l'on peut défier tous les philosophes ensemble de faire comprendre des sons qui expriment directement et autrement que par une *négation*, ce qui n'est

pas et ce qui n'*existe* pas, et de parler à un être intelligent de quelque objet dont il n'ait aucune pensée, de manière à en être compris.

Des exemples mettront ces propositions à la portée de
tous les esprits, mais il faut s'arrêter encore sur cette
correspondance nécessaire des mots et des pensées.

La pensée, avons-nous dit, précède le mot : de-là
vient qu'on dit *attacher* une idée, un sens à une expression ; et lorsqu'on ne peut *attacher* d'idée au mot,
il ne vaut que comme son et ne sert point au discours,
semblable à ces monnoies étrangères ou décriées qui
ne sont pas reçues dans le commerce et ne valent que
par le poids.

Mais, si nous ne pouvons *parler* sans *penser*, c'est-
à-dire sans attacher une idée à nos paroles, ni être entendu des autres sans qu'ils attachent les mêmes pensées
aux mots que nous leur adressons, nous ne pouvons
penser sans *parler* en nous-mêmes, c'est-à-dire sans
attacher des *paroles* à nos pensées, vérité fondamentale de l'être social, que j'ai rendue d'une manière
abrégée lorsque j'ai dit : *Que l'être intelligent pensoit
sa parole avant de parler sa pensée.*

Ainsi, penser c'est parler à soi, comme parler c'est
penser pour les autres, penser tout haut ; et de-là
vient qu'on dit *s'entretenir avec soi-même, s'entendre
soi-même* ; comme on dit, *s'entretenir avec les
autres, être entendu d'eux.*

Parler une langue étrangère est donc *traduire*,
puisque c'est parler avec des signes, ce qu'on pense
sous d'autres signes : de-là, l'impossibilité de parler
une langue étrangère aussi couramment que sa langue
maternelle, jusqu'à ce qu'on ait acquis par l'habitude, la

faculté

faculté de penser sous les mêmes signes que ceux avec lesquels on exprime sa pensée.

Il faut donc des mots ou signes pour penser comme il en faut pour parler ; et J. J. Rousseau en convient, et distingue nettement les objets qui font image, et peuvent s'exprimer par le geste, de ceux qui font *idée*, et ne s'expriment que par la parole, lorsqu'il dit : « Ce » sont là des idées qui ne peuvent s'introduire dans » l'esprit qu'à l'aide des mots, et l'entendement ne les » saisit que par des propositions ; car sitôt que *l'ima-* » *gination s'arrête, l'esprit ne marche plus qu'à* » *l'aide du discours* ».

Mais s'il faut des mots pour penser ce que l'on exprime avec des mots, il est donc impossible, d'une impossibi-lité physique et métaphysique, que l'homme ait inventé la parole, puisque l'invention suppose la pensée, et que la pensée suppose (qu'on me permette cette expression) la *concomitance nécessaire* du signe ; et c'est ce qui fait dire à J. J. Rousseau, discutant le roman de Con-dillac sur l'invention de l'art de parler, qui n'est pas même ingénieux : « Convaincu de l'impossibilité *presque* » démontrée que les langues aient pu naître et s'établir » par des moyens purement humains, je laisse à qui » voudra l'entreprendre la discussion de ce difficile » problème »........ Et il conclut en disant : « La » parole me paroît avoir été fort nécessaire pour in-» venter la parole ». *Disc. sur l'inég.*

La facilité de penser, ou l'esprit, est donc la facilité d'attacher des pensées aux mots, et la facilité de parler est la facilité d'attacher des mots aux pensées ; qualités dont la dernière tient plus que l'autre à l'homme phy-

P

sique et à la flexibilité de ses organes, et c'est ce qui fait qu'elle est plus commune.

Cette correspondance naturelle et nécessaire des pensées et des signes qui les expriment, et le concours mutuel de l'esprit et des organes corporels pour l'*expression* de l'être intellectuel, peuvent être rendus sensibles par une comparaison, ou plutôt par une similitude telle, que je ne pense pas qu'il en existe une plus parfaite entre deux objets, et dont l'extrême exactitude prouveroit toute seule une analogie parfaite entre les lois de notre être intelligent et celles de notre être physique.

Si je suis dans un lieu obscur, je n'ai pas la vision oculaire, ou la connoissance par la vue de l'existence des corps qui sont près de moi, pas même de mon propre corps; et sous ce rapport, ces êtres sont à mon égard comme s'ils n'étoient pas. Mais si la lumière vient tout-à-coup à paroître, tous les objets en reçoivent une couleur relative dans chacun à la contexture particulière de sa surface; chaque corps se produit à mes yeux, j'y vois, et je juge les rapports de forme, d'étendue, de distance que tous ces corps ont entre eux et avec le mien.

Notre entendement est ce lieu obscur où nous n'appercevons aucune idée, pas même celle de notre propre intelligence, jusqu'à ce que la parole, pénétrant par le sens de l'ouïe, porte la lumière dans les ténèbres, et appelle, pour ainsi dire, chaque idée, qui répond, comme les étoiles dans Job; *me voilà*. Alors seulement nos idées sont *exprimées*; nous avons la conscience ou la connoissance de nos propres pensées, et nous pou-

vons la donner aux autres ; alors seulement nous nous
idéons nous-mêmes, nous idéons les autres êtres, et les
rapports qu'ils ont entre eux et avec nous ; et de même
que l'œil distingue chaque corps à sa couleur, l'esprit
distingue chaque idée à son expression, et fait distinguer
aux autres leurs propres idées, en leur en communi-
quant l'expression. L'idée ainsi *marquée*, pour ainsi
dire, a cours dans le commerce des esprits entre eux,
je veux dire dans le discours, où elle ne pourroit être
reçue sans cette empreinte. C'est la vérité de cette analogie de la pensée à la vision corporelle, qui a produit
chez tous les peuples ces locutions familières par lesquelles ils expriment les qualités naturelles ou acquises
de l'esprit : *être éclairé*, *avoir des lumières*, *s'énoncer
avec clarté*, etc. etc. Et le mot *vision* lui-même s'ap-
plique à certains états de l'esprit, puisqu'on dit une
vision mentale, comme l'on dit la *vision* oculaire ou
corporelle (1).

_____

(1) Voici un exemple remarquable de cette correspondance
des mots aux idées et de l'expression à la réalité, correspondance méconnue par Condillac, à un point qui prouve combien
peu ses idées étoient développées sur ces objets importans, et
par conséquent combien ses jugemens étoient faux. Mallebranche, qui démêloit cette analogie des lois du monde physique
à celles du monde moral, dit : « Qu'ainsi que l'auteur de la
» nature est la cause universelle de tous les mouvemens qui
» se trouvent dans la matière, c'est aussi lui qui est la cause
» de toutes les inclinations naturelles qui se trouvent dans les
» esprits ; et de même que tous les mouvemens se font *en*
» *ligne droite*, s'ils ne trouvent quelques causes étrangères et
» particulières qui les déterminent et les changent en des lignes
» courbes par leur opposition, ainsi toutes les inclinations que
» nous recevons de Dieu sont *droites*, et elles ne pourroient
» avoir d'autre fin que la possession du bien et de la vérité,

Ainsi, les sourds-muets pensent, mais seulement par *images*, et n'expriment aussi que des *images* par le geste ou le dessin, ce qui fait qu'on ne peut les instruire que par le geste ou le dessin. Le mot même qu'on leur fait entrer par les yeux, comme aux autres par les oreilles, n'est pas pour eux un signe comme *son*, mais un signe comme *image* ou *figure*; et ce n'est pas non plus par la parole, mais par le *geste* ou l'action, qu'ils expriment le sens qu'ils y attachent.

Les bêtes, sans doute, ont des images, puisqu'elles ont des sensations, sensations bornées à leur état purement physique, et qu'elles n'expriment pas par des *gestes*, qui sont des actions délibérées, mais à l'occasion desquelles elles font des mouvemens, suite nécessaire de leur organisation et de leurs rapports avec les objets matériels. Elles ont des *images*, puisqu'il en résulte un mouvement correspondant à l'image *présente* par l'impression actuelle ou l'impression conservée, comme de

_____

» s'il n'y avoit une cause étrangère qui déterminât l'impression » de la nature vers de mauvaises fins ». *Qu'auroit fait Malle-branche*, s'écrie Condillac, *si cette expression métaphorique, inclinations droites, n'avoit pas été française?* Comment cet écrivain n'a-t-il pas vu que l'expression est juste, non parce qu'elle est française, mais parce qu'elle est raisonnable ou plutôt qu'elle n'est française que parce qu'elle est juste, et qu'elle n'est admise dans toutes les langues que parce qu'elle est l'expression d'une idée vraie? Non-seulement les langues disent *inclinations droites*, mais elles disent *inclinations perverses* ou *tournées*, mot qui présente la même image, et tient par ses racines premières au mot de *courbes*. Condillac suppose évidemment ici que l'expression française a produit l'idée que développe Mallebranche, au lieu de sentir que l'expression n'est qu'une représentation dont l'idée est la réalité, et c'est avec ces préjugés qu'il a écrit.

courir après leur proie quand elles la voient ; ou de là
chercher quand elles ne la voient pas ; mais elles n'ont
point d'idées, puisqu'elles n'ont pas l'expression de l'idée
ou la parole : elles n'ont pas de volonté *libre*, puisqu'elle
n'ont pas l'expression de la *volonté libre* ou l'*action
délibérée*, et par conséquent variée ; et comme elles n'ont
qu'un *instinct* ou volonté ordonnée (si l'on peut allier ces
deux mots), elles n'ont que l'expression de l'instinct,
ou l'action invariable, uniforme et déterminée (1).

La brute est donc un être *organisé* de manière à se
mouvoir à l'occasion d'images présentes à son cerveau
ou ailleurs, et l'homme est un être constitué de manière
à *agir*, parce qu'il pense, et à *faire*, parce qu'il veut.

Dans les écoles modernes de physiologie et d'anatomie
on enseigne publiquement et *textuellement que les
seuls caractères qui distinguent d'une manière absolue* l'homme de la brute *sous la station bipède et directe et l'angle facial*. La station bipède paroît renouvellée des Grecs de qui nous avons déjà depuis dix ans
renouvellé tant de choses, puisqu'un de leurs sages dé-
finissoit l'homme *un animal à deux pieds sans plumes ;*
mais l'*angle facial* est une sottise moderne dont nous
dirons un mot ailleurs.

Je reviens aux exemples que j'ai promis pour prouver cette proposition, que l'espèce humaine ne peut
idéer l'impossible ni imaginer l'inexistant, proposition
que je rends plus précise encore et plus formelle, en

_____

(1) Le P. Gerdil dit que l'opinion qui fait des bêtes de pures
machines, est peut-être un peu trop philosophique, et que
celle qui leur suppose un principe distingué de la matière,
quoique d'un ordre inférieur à l'âme humaine, ne l'est pas
assez. Ce savant estimable est aujourd'hui cardinal.

disant que l'esprit humain ne peut idéer que ce qui est, ni imaginer que ce qui existe, et je commence par l'imagination, faculté de l'esprit plus dépendante des sens, et qui pour cette raison, se développe la première dans l'homme comme chez un peuple.

Si une nourrice imprudente veut effrayer son enfant de l'apparition de quelque monstre hideux, de quelque *chimère* horrible, ou lui promettre pour l'appaiser, qu'il viendra *une belle dame toute blanche* qui lui portera de beaux habits, que fait-elle, et que peut-elle faire autre chose, que de rassembler des parties d'homme, d'animal, de végétal, etc., parties réellement existantes en divers sujets de la nature physique, mais entre lesquelles cette femme suppose un rapport qui n'existe que dans son imagination et dans celle de l'enfant? Car jamais l'enfant ne comprendroit sa nourrice et ne céderoit à la frayeur ou à l'espoir, s'il n'imaginoit, et par conséquent s'il n'avoit vu auparavant ou connu toutes les parties d'homme ou d'animal dont cette femme veut lui faire persuader le bizarre assemblage. Mais ce monstre existe ou en détail et séparément dans la nature, ou *intégralement* dans l'imagination, et l'image qui y est tracée est vraie, puisqu'elle peut être réalisée au dehors et *figurée* par le dessin; et s'il n'avoit aucune existence, je le demande, de quels signes compréhensibles la nourrice pourroit-elle se servir pour en parler à son enfant?

Quand Épicure, pour expliquer à de grands enfans la formation de l'univers, leur dit que des atomes crochus se mouvant en tout sens dans l'espace, avoient par leur concours fortuit formé tout ce qui existe, il n'inventa ni les corpuscules, ni les crochets, ni le mouvement,

ni l'espace, ni l'univers ; mais il supposa seulement au
dehors un rapport entre ces divers objets, un rapport
qui n'existe que dans l'imagination, qui se *figure* aisément des *atomes* circulant, s'accrochant et s'aggloméré-
rant pour former des corps, et qui ne peut exister
pour la raison, parce que la raison, *seul juge des
rapports*, en démontre la contradiction. Mais que le
système de ce Grec fût absurde ou raisonnable, il n'eût
parlé à ses auditeurs qu'un langage absolument inintel-
ligible, si tous les élémens qui composent ce système
n'eussent été imaginables et connus.

Prenons un exemple dans un sujet moins physique,
pour arriver ainsi peu à peu jusqu'à l'objet le plus intellectuel.

Lorsque je parle de l'*hypothénuse* à un enfant qui a
quelque teinture de géométrie élémentaire, mais qui ne
connoît pas cette propriété du triangle rectangle, il ne
m'entend pas, et ce son ne produit en lui aucune pensée.
Mais si je décompose les divers rapports qui forment
cette idée, que je lui parle de lignes, de perpendicu-
laire, d'angle, de triangle, de quarré, etc., il me
comprend, parce qu'à chacun de ces mots il attache
l'idée correspondante, et qu'il réunit toutes ces idées par
une faculté particulière de son esprit, pour en faire une
seule idée collective ou *abstraite*, en même temps que,
par une opération de son organe vocal, il emploie l'expression *réduite* de quarré de l'*hypothénuse*, à la place
de ces mots : *Quarré fait sur la base d'un triangle
rectangle dont cette base est un des côtés, et qui est
égal à la somme des quarrés faits sur les autres côtés.*

Appliquons tout ce qui a précédé à la croyance de
l'existence de Dieu. Je vois dans toutes les sociétés une

action universelle ou sociale appellée culte, envers un être regardé comme la *cause* universelle, et j'en conclus que l'idée de cet être est dans toutes les sociétés; car si je ne pouvois pas conclure de l'*action* à l'*idée* qui la dirige, et qu'on appelle *volonté* lorsqu'on la considère dans son rapport avec l'*action*, toute société seroit impossible, et l'homme lui-même ne seroit pas, puisque l'homme et la société ne sont que le rapport d'une *volonté* à une *action*, et d'une ame à un corps. « C'est, » dit l'athée, un législateur qui, pour asservir les peu- » ples, a été prendre dans le ciel et hors de l'homme » une force qu'il ne trouvoit pas dans l'homme et sur » la terre, et a persuadé aux peuples l'existence de cet » être, qu'ils ont appellé chacun dans leur langue d'un » mot correspondant à celui de *Dieu*, invention dont » le souvenir, transmis d'âge en âge, a produit notre » théisme ».

On pourroit demander à l'athée où cet orateur apprit à parler; et par cette seule considération on remonte-roit jusqu'à la *nécessité* d'un être autre que l'homme, de qui l'homme a reçu l'art de parler, comme il a reçu l'existence, c'est-à-dire de qui il a reçu l'*être* et l'*avoir*. Mais laissons au raisonnement plus de latitude pour mieux convaincre la raison.

Ce législateur apprit donc aux hommes que *Dieu existoit;* et obligé de leur expliquer la signification de ces mots, il développa, dans les divers rapports ou conséquences, l'idée qu'il vouloit leur en donner, et leur dit, dans la langue qu'ils entendoient, que cet être qui s'appelloit *Dieu* étoit un *être bon* et *puissant* plus que l'homme, qui avoit fait tout ce qu'ils voyoient; qu'il falloit l'aimer, puisqu'il étoit bon, et qu'il

*avoit fait l'homme pour lui et l'univers pour l'homme;
qu'il falloit le craindre, parce qu'il étoit puissant,
et qu'il pouvoit détruire l'homme et l'univers; qu'il
récompensoit les hommes bons, et punissoit les hommes
méchans,* etc. Car c'est là le fond des croyances religieuses de tous les peuples. Leurs législateurs n'ont pu
leur rien dire de plus intelligible; et certes nous avons
connu des *législateurs* moins clairs dans leurs raisonnemens, et sur-tout moins heureux dans leurs in-
ventions.

Mais il eût été entièrement égal de tenir aux hommes
le discours qu'on vient de lire, ou de leur débiter, comme
des bouffons des comédies, des mots forgés à plaisir, si
les auditeurs n'eussent eu dans l'esprit, antérieurement
aux paroles de l'orateur, les idées d'*être,* de *bonté,* de
puissance, de *comparaison,* de *relation,* de *temps,*
d'*action universelle,* de *devoir,* d'*amour et de crainte,*
de *bien et de mal,* d'*action sociale* ou *châtiment et
récompense;* idées qu'ils attachoient dans le même ordre
à chacun de ces mots, à mesure qu'ils étoient prononcés,
*être, bon, puissant, plus que, qui, a, tout fait, il
falloit, aimer, craindre, récompense les bons, punit
les méchans,* etc. Sans ces idées, nécessairement an-
térieures aux mots, puisque les mots n'en sont que
l'expression, l'orateur n'auroit produit sur ses auditeurs
d'autre effet que celui que produiroit sur le peuple de
Paris un *Talapoin* qui viendroit le prêcher en langue
des *Mantcheoux;* et bien loin que de ce discours il
eût résulté quelque changement dans les volontés des
hommes en société, et une meilleure direction de leurs
actions, ils n'auroient pas même conservé l'impression
des sons qu'ils auroient entendus, et ne se seroient

rappellés cet orateur que comme on se rappelle un fou ou un bouffon.

Ainsi, à quelque époque que l'on remonte dans la vie de l'homme et dans l'âge des sociétés, ces mêmes mots *être bon et puissant, qui a tout fait, qui récompense le bien et punit le mal,* n'entreroient jamais dans la pensée des hommes pour prendre place dans leur discours, ne correspondroient à aucune pensée, et ne produiroient aucune action, si ces mots ne trouvoient dans leur esprit des pensées correspondantes, qui n'attendoient pour se produire à l'esprit que le signe qui vint la distinguer, comme une pièce d'or attend dans l'attelier l'empreinte qui doit désigner sa valeur et lui donner cours, ou encore mieux, comme le corps attend dans le lieu obscur la lumière qui doit le colorer et le produire.

Cette idée d'*être*, plus ou moins développée dans ses rapports de bonté, de puissance, de volonté, d'action (car tous ces rapports découlent de l'idée d'être), n'est autre chose que l'idée de la divinité, idée peu développée et incomplette, si, par exemple, le rapport de la *pluralité* des attributs se développe sans celui de l'*unité* d'essence, ce qui a produit le polythéisme (1) ; incomplette, si le rapport de *puissance* se développe sans

_____

(1) Le polythéisme paroît n'avoir été qu'une idée confuse de la *pluralité* des personnes divines, ou bien des attributs divins. Leibnitz remarque avec raison que *Jupiter* n'est que *Jou* pater, ou *Jehovah* père, dont les racines se retrouvent à découvert dans les cas suivans : *Jovis, Jovi, Jovem,* etc. L'*unité* dans la *pluralité* semble exprimée dans cette locution étonnante, qui commence la *Genèse,* « Les Dieux, *Elohim* créa »; et M. Bossuet la trouve encore dans le mot « Faisons l'homme ».

celui de *bonté*, ce qui a produit la croyance des divinités malfaisantes adorées chez certains peuples; incomplette, si le rapport de *volonté* créatrice se développe sans celui d'*action* conservatrice, ce qui produit le déisme asiatique ou européen, c'est-à-dire l'*islamisme* et le *philosophisme*, qui tous les deux croient au Dieu créateur ou souverain, et rejettent le Dieu conservateur, pouvoir ou législateur, puisqu'ils obéissent à des lois, ou suivent des opinions qui leur ont été données par des hommes.

Mais l'idée générale, primitive, l'idée sociale ou fondamentale de la Divinité fait toujours le fond de toutes les croyances particulières, et elle se retrouve, cette idée, au sein de ce paganisme absurde qui prostituoit l'adoration à des corps célestes ou terrestres, ou dans ces opinions vagues et foibles qui font de la Divinité une vaine théorie sans application à l'homme ni à la société, comme dans la religion chrétienne, véritable société constituée, qui adore l'Être suprême *en esprit et en vérité*, et qui développe à la fois tous les rapports de l'intelligence infinie avec l'ordre de l'univers et les lois de la société.

Cette idée générale d'*être* et de ses rapports, est sans doute la première qui luit à la raison de l'homme naissant, et qui *éclaire tout homme venant en ce monde*, lorsque la parole qui l'exprime vient porter la lumière dans le *lieu obscur*, et je soutiens que l'enfant, oui l'enfant, qui bégaye *je suis sage*, a une idée aussi vraie, *du moi*, de l'*être et de bonté* et d'un rapport avec le *pouvoir*, que le philosophe lui-même; et la preuve en est évidente, puisqu'ils *expriment* l'un et l'autre leur pensée par la même *action*, et que

l'enfant demande à son père, seul pouvoir qu'il connoisse encore, le prix qu'il a promis à sa sagesse, comme
le philosophe s'humiliant devant l'Etre suprême, pouvoir universel du genre humain, lui demande la récompense réservée aux efforts que l'homme fait pour
la mériter.

L'enfant, à mesure qu'il cultivera sa raison, ne
fera que développer cette idée sans prendre une *autre*
idée d'être et de bonté : il la « développera, parce que
» toutes les vérités morales sont enveloppées les unes
» dans les autres »; et de même que le forgeron et
l'horloger tirent de la même matière, l'un l'essieu d'un
char, l'autre les rouages d'une horloge, l'enfant et
l'homme instruit puisent dans la même idée, l'un le
petit nombre de rapports dont la connoissance suffit à
ses premiers besoins, l'autre la théorie entière des devoirs de l'homme et des lois de la société.

La facilité avec laquelle les sauvages sont convertis à
la religion chrétienne vient uniquement de ce qu'elle
est la plus naturelle de toutes les religions, c'est-à-dire
celle qui développe les rapports les plus naturels des
êtres entre eux dans la société; car il est bien plus
naturel à l'homme d'avoir une femme que d'en avoir
plusieurs; d'adorer *un* Dieu que d'en adorer *plu-*
sieurs (1), d'être humain, enfin, que d'être sauvage : et l'on peut dire en général que tout ce qu'elle
prescrit de plus sévère est ce qu'il y a de plus naturel:
Et qu'on ne dise pas que cette adhésion des sauvages aux
vérités sociales n'est ni motivée ni éclairée; car je

---

(1) *Sed tunc quidem ignorantes* Deum, *iis qui naturâ non
sunt Dii serviebatis.* Ep. ad Galat.

le demande , quelle *expression* plus forte d'une *pensée*
distincte, d'une conviction profonde que la civilisation,
la plus importante, la plus générale de toutes les *actions*
sociales, l'action sociale par excellence , la civilisation,
qu'on peut définir l'*application des lois de l'ordre à la*
société humaine ? Les peuples du Paraguay se sont
civilisés en devenant chrétiens , et ils sont devenus chrétiens en se civilisant ; et ils étoient à l'opposite de la civilisation , ces peuples dont les faits exagérés sont le
premier aliment de notre curiosité , et l'éternel objet
d'une admiration puérile , ces peuples de sophistes et
de statuaires qui *cherchant la sagesse* (1) hors des voies
de la nature ont voulu faire à force d'art , jusqu'à la société que la nature ne produit qu'avec le temps , peuples
insensés qui opprimèrent, qui corrompirent avec leur
législation purement humaine l'homme que protègent,
que perfectionnent les lois naturelles des sociétés !

Je croirai, si l'on veut, que l'imagination plus mobile
chez les enfans et les peuples naissans vient mêler ses
images fantastiques aux idées pures de l'intelligence.
Qu'importe après tout aux conceptions de la raison cet
antropomorphisme involontaire , cette illusion de nos
sens dont l'homme même le plus sévèrement méditatif
ne sauroit entièrement se défendre , et auquel la religion chrétienne plus *humaine* que le philosophisme
se prête elle - même , lorsqu'elle nous enseigne un
Dieu-homme , et lorsqu'elle nous permet de la figu-
rer ? Le sauvage qui se *figure* peut-être la Divinité
sous les traits du vieillard vénérable qui la lui a annon-
cée ne l'appelle pas moins le *grand esprit* , et ce qui

(1) *Græci sapientiam quærunt.* S. Paul.

est bien autrement décisif, n'en renonce pas moins à
sa barbarie héréditaire et nationale, et prouve assez
l'idée qu'il se forme de la sagesse et de la puissance
de l'être qu'on lui révèle en en prenant les leçons pour
loi de ses volontés, et les exemples pour loi de ses
actions.

« Les sauvages, dit Condorcet, sont distingués seule-
» ment des animaux par quelques idées morales plus
» étendues et un foible commencement d'ordre social ».
*Ces idées morales, ce commencement d'ordre social
sont* des traces à-demi effacées des lois primitives
des sociétés, et des semences de christianisme et de
civilisation moins altérées par les législateurs grossiers
de qui ces peuples simples ont reçu leurs opinions inco-
hérentes, qu'elles ne l'avoient été chez les Grecs par des
législateurs polis qui composèrent de si beaux systèmes.
Ces idées morales, germes précieux des vérités morales ou sociales, l'instruction vient les *développer,*
» parce que toutes les vérités morales sont *envelop-*
» *pées* les unes dans les autres », et les conduire à une
heureuse maturité. L'expression *seulement* dont Condorcet se sert en parlant de la distinction que mettent entre
l'homme sauvage et la brute des *idées morales et un
commencement d'ordre social* est bien peu philosophique ; car la distinction des *idées morales* et de
l'ordre social, est la distinction du néant à l'être,
même pour si peu *étendues* que soient ces *idées morales ;* et pour si *foible* que soit ce *commencement
d'ordre social ;* et certes il est aussi absurde de remarquer qu'un peuple naissant à la société n'a qu'un *foible
commencement d'ordre social,* qu'il le seroit d'observer qu'un enfant qui commence ses études n'a pas encore
fait toutes ses classes.

Quant aux idées morales plus étendues chez le sauvage que chez la brute, on juge que l'homme le plus
sauvage a quelques *idées morales*, parce qu'il fait quelques *actions morales* ; mais où est la *moralité* des mouvemens de la brute pour pouvoir en inférer quelque
moralité dans ses idées ?

Au reste, on doit savoir gré à Condorcet d'assigner
pour différence entre l'homme en état sauvage et la brute
*quelques idées morales et un commencement d'ordre
social*, lorsque les physiologistes modernes enseignent
dans leurs cours publics, les seuls qui soient suivis aujourd'hui, que l'*unique caractère qui distingue d'une
manière absolue l'homme de l'animal, est la station bipède directe et l'ouverture de l'angle facial*. Il
faut apprendre au grand nombre de nos lecteurs que
deux lignes, dont l'une tombe du front, l'autre venant
de l'*occiput*, passe par l'extrémité inférieure de l'oreille,
forment par leur rencontre à la lèvre supérieure un
angle appellé *angle facial*, dont le plus ou le moins
d'*acuité* sert à mesurer les divers degrés d'intelligence
entre les êtres, depuis un être huître, jusqu'à un être
homme. Car, entre ces diverses espèces il n'y a que
du plus et du moins ; ensorte qu'on peut mesurer géo-
métriquement l'étendue de l'esprit comme on mesure
l'élévation du pôle. Ces facéties débitées gravement
et en beaux termes, pour l'instruction, ou plutôt pour
l'amusement d'une jeunesse sans connoissances et dans
l'âge des passions, ne font pas même des médecins,
et l'art de guérir périra comme l'art de vivre ou la
morale, étouffé par ces rêveries soi-disant métaphysiques de gens qui croient que disséquer un cadavre c'est
étudier l'homme, et qu'ils connoissent l'ensemble parce

qu'ils nomment des parties. « L'homme, dit la divine
» sagesse, n'a pas compris la dignité à laquelle il a été
» élevé, et en se comparant aux animaux sans raison
» il est devenu semblable à eux (1) ».

Mais si l'homme n'invente pas les êtres, que fait-il
lorsqu'il se trompe? Il les déplace, et en intervertit
les rapports. Ainsi, la nourrice qui suppose un monstre
pour effrayer son enfant, Epicure qui supposoit que les
corpuscules avoient formé l'univers, celui qui suppose
qu'Orléans est à cent lieues de Paris n'invente rien,
comme je l'ai dit, et ne fait que *déplacer* des objets
qui existent, et intervertir les rapports qu'ils ont entr'eux, et celui même qui supposeroit à dix lieues de
Paris une ville qui n'y seroit pas, que seroit-il autre
chose que de placer dans un lieu une chose qui est
dans mille autres lieux?

Il en est des êtres moraux de même que pour les êtres
physiques. Ainsi, quand je dis, que le *peuple est pouvoir suprême*, je n'invente ni le *peuple* ni le *pouvoir*,
et je ne fais que les déplacer et intervertir les rapports qu'ils ont entre eux.

Et remarquez ici que non-seulement l'homme qui affirme
la Divinité ne l'invente pas, mais que l'homme même
qui la méconnoît ne la nie pas, et ne fait que la déplacer pour lui substituer un autre être.

En effet, comme l'intelligence infinie est cause du
monde physique et cause du monde moral ou social,
deux rapports généraux d'où dérivent absolument tous
les rapports des hommes avec la divinité, l'athée qui,

---

(1) *Homo, cum in honore esset, non intellexit, comparatus est
jumentis insipientibus et factus est similis illis.* Psal.

dominé

tubjugué par la présence de l'effet, avoue à son propre
insu, la nécessité de la cause, suppose la matière comme
cause du monde physique, et le peuple ou l'homme
comme *cause* du monde social. C'est ce que veulent
dire ces deux axiomes : *La matière est éternelle, et
le peuple est le pouvoir souverain.* Car si la matière
est éternelle, elle est cause d'elle-même, et n'a pas
reçu l'être d'autre que d'elle-même ; et si le peuple est
pouvoir, il est cause de lui-même, puisqu'il ne peut
exister de peuple sans *pouvoir* qui le conserve. Mais la
matière ne nous est connue que comme une *succession*
de formes *ordonnées* pour une *fin* de reproduction, et
la société comme une *disposition* d'hommes *ordonnés*
pour une *fin* de conservation. *Disposition* pour une fin
ou *ordonnance*, est *action* et n'est pas *volonté*, mais
la suppose, est *effet* et non pas *cause*, et la suppose.
Aussi les mathématiques (1) démontrent l'impossibilité
d'une succession *infinie* ou éternelle de formes matérielles, et l'histoire établit avec la même évidence l'impossibilité de la souveraineté du peuple ; et c'est avec
raison qu'on bannit aujourd'hui des mathématiques le
terme d'*infini*, et qu'on effacera bientôt des titres des
peuples celui de *souverain*.

Je sais qu'on oppose des *arguties* aux principes,
comme on jette des pierres contre une montagne ; mais
elles ne peuvent ébranler que ceux qui prennent tout
syllogisme pour une objection.

---

(1) Essai d'une démonstration mathématique *contre l'existence
éternelle de la matière et du mouvement, déduite de l'impossibilité
démontrée d'une suite actuellement infinie de termes, soit perma-
nens, soit successifs.* A Paris, 1760. Par le P. Gerdil.

Q

Les partisans de *l'éternité de la matière* et de *la souveraineté du peuple* sont des hommes à *imagination*, qui ne se *figurent* dans l'univers que des *images* de mers, de terres, de volcans, d'astres, de feu, d'air, de végétaux, d'animaux, et dans la société que des images d'assemblées, d'orateurs, de législateurs, de députés, etc., foibles esprits qui ne peuvent penser que des *images*, qui ne penseroient plus si ces représentations intérieures leur manquoient ; incapables sans doute de s'élever jusqu'aux idées générales qui ne se peignent que par la parole, et de voir dans la divinité, *région éternelle des essences*, comme l'appelle Leibnitz, une *volonté* générale, infinie, toute-puissante, qui agissant par les lois générales de l'ordre physique, produit cette *action* universelle qu'on appelle *univers*, et agissant par les lois générales de l'ordre moral, produit cette action générale qu'on appelle *société*.

On peut donc conclure que l'erreur est *imaginable*, mais qu'elle n'est pas *idéable* ou compréhensible. « Le » faux, dit Mallebranche, est incompréhensible », Et j'ai toujours admiré le bon sens de ce roi de l'Inde dont parle Voltaire, qui ne put jamais comprendre ce qu'un Hollandais lui racontoit du gouvernement démocratique de son pays, tout aussi étonné que nous le serions si l'on nous parloit de quelque contrée éloignée où les familles sont gouvernées par les enfans.

Et pour mettre dans un plus grand jour la nécessité de ces idées générales de l'être et de ses rapports essentiels, et même de la présence de ces idées à l'esprit de tout homme qui n'a pas accoutumé son esprit à les nier et son cœur à les craindre, je suppose que lorsqu'un maître enseigne à son élève comme une vérité générale

cette proposition, *que la ligne droite est la plus courte entre deux points*, l'élève lui répondit : « Vous me
» donnez cette proposition comme une maxime géné-
» rale, et je ne puis en constater la vérité que par une
» application ou expérience particulière. Je tire des
» lignes entre deux points, et je remarque que la plus
» droite est toujours la plus courte. Vous faites la même
» chose, et vous obtenez le même résultat. Je dois en
» conclure que la ligne droite est *quelquefois* la plus
» courte entre deux points. Et vous voulez, vous, en
» conclure que la ligne droite est non-seulement *toutes*
» *les fois* ou toujours la plus courte, mais que cela
» même ne peut jamais être autrement. Ici la *conclu-*
» *sion* ne me paroît pas renfermée dans les *prémisses;*
» car que sont au fond toutes les lignes, que tous les
» hommes, si vous voulez, peuvent vérifier, en com-
» paraison de l'universalité même des lignes? et con-
» noissons - nous assez la nature pour affirmer une
» *nécessité* où nous ne voyons que des circonstances,
» et étendre à l'ensemble ce que nous ne connoissons
» que du partiel ; car enfin la ligne droite est un objet
» physique que je soumets à mes sens, et la propriété
» générale que vous lui supposez est un rapport intel-
» lectuel qui est du ressort de l'esprit seul ».

A cela le maître auroit deux réponses à faire, toutes
deux prises des considérations sur l'ordre général et
social, mais dont l'une auroit plus de rapport aux
pensées, et l'autre aux actions. Il pourroit dire à son
élève, 1°. que *ligne droite* et *ligne plus courte* sont
identiques, et que l'identité est le fondement de nos
jugemens ou de la justesse de nos raisonnemens; qu'ainsi
dire *deux et deux font quatre*, c'est dire que *deux et*

deux font deux et deux ; et de même soutenir que la ligne droite peut n'être pas toujours la plus conrle , c'est soutenir que la ligne la plus droite peut n'être pas toujours la plus droite , ce qui implique *contradiction.*

2°. Il lui diroit que si les hommes ne pouvoient pas s'assurer , par une suite d'observations particulières et toutes conformes , de la vérité d'un principe général , il ne pourroit y avoir de société entre les hommes ; que l'homme ne pourroit exister , puisque tout l'ordre de la vie et de la société roule sur une conclusion semblable ; qu'on sème du bled , et qu'on en fait du pain , parce qu'on a observé que le bled croît et que le pain se mange ; qu'on expose les coupables et qu'on lève des armées , parce qu'on a remarqué que l'exemple du châtiment rend le crime plus rare , et que les armées défendent l'état ; et que s'il falloit attendre d'ailleurs que de l'expérience la certitude des vérités même sociales , il y auroit *désordre.* Or , l'écolier entendroit très-bien ces deux mots *contradiction* et *désordre* , qui réveilleroient en lui l'idée de *sagesse* et d'*ordre* dont ils sont la privation ; et si , insistant de bonne foi , il soutenoit que ce qui peut paroître aux uns *contradiction* et *désordre* peut paroître aux autres *ordre* et *sagesse* , il faudroit renoncer à apprendre les mathématiques à cet esprit faux , parce qu'il seroit borné , incapable de généraliser ses idées ou d'en saisir les rapports , et la vie entière ne suffiroit pas , que dis-je ? il seroit impossible de le mener jusqu'à la seconde proposition de la géométrie , et de le faire convenir même de la définition de l'angle.

Ainsi , l'élève qui entend cette proposition , *la ligne droite est la plus courte entre deux points* , a non-

t ..ement l'*image* d'une ligne entre deux points, mais
encore l'idée ou la connoissance des rapports de *comparaison* exprimées par *plus*, de *relation* exprimée par
entre, de *nombre* exprimée par *deux*, et encore l'idée
fondamentale d'*ordre* général, qui lui apprend que cela
ne peut être autrement, et qui est la seule raison de la
certitude générale que nous tirons d'expériences nécessairement particulières et individuelles.

Aussi il est à remarquer qu'on ne trouve point d'*athées*
parmi les géomètres métaphysiciens, ou parmi ceux qui
ont fait d'importantes découvertes dans ce monde des
rapports, tels que Descartes, Pascal, Newton, Leibnitz,
Euler, puissans génies qui se sont élevés jusqu'à la con-
templation des *principes* même de cette science, qui
pour le plus grand nombre ne commence qu'aux *élémens*, et qui n'offre à la plupart de ceux qui la cultivent
que des images aisées à saisir et à combiner, au moyen
de signes (lignes, chiffres ou lettres) qui en figurent
les rapports; art facile sous cet aspect, qui convient aux
imaginations sans chaleur et aux esprits sans étendue,
et qui arrêtant la pensée de l'homme sur les rapports
des êtres matériels, devoit, dans ce siècle matérialiste,
hâter la chûte des autres études, et survivre aux connoissances qui règlent la société, et même aux arts de l'esprit qui l'embellissent.

Mais cette idée générale de l'être et de ses rapports,
quand a-t-elle lui sur la société, sinon lorsque l'être
par excellence, l'être suprême, l'être nécessaire,
s'élevant lui-même (qu'on me permette d'emprunter
des mathématiques cette locution qui convient si bien à
mon sujet), *s'élevant* lui-même à une *puissance infinie*
d'être, par cette expression sublime, *je suis celui qui*

suis, a révélé à l'homme l'idée de l'*être?* Car il n'y
a proprement d'*être* que celui qui en a l'*idée*, et qui en
a l'*expression*, *je suis;* et elles ne *sont* pas, ou elles
ne sont que comme le néant devant l'être, *tanquam
nihilum ante te*, ces formes matérielles, vaines figures
qui paroissent, qui disparoissent, et n'ont de constant
que leur succession, *præterit figura hujus mundi.*

L'homme donc qui enseigne, même un enfant, ne
fait que développer les consequences ou les rapports de
l'idée fondamentale d'*être* qu'il trouve dans son esprit,
point commun d'intelligence entre le maître et l'élève,
sans lequel ils ne pourroient s'entendre. Le maître
développe ces rapports « *enveloppés* les uns dans les
» autres, et que la méditation parvient tôt ou tard à
» extraire », en donnant à l'élève le signe qui les
exprime, et qu'il lui explique par des signes d'autres
rapports antérieurement connus; ensorte que dans l'instruction, même la plus élémentaire, il arrive nécessairement un moment où l'esprit du maître est devancé
par celui de son élève. « Les hommes, dit Malle-
» branche, ne peuvent pas nous instruire en nous don-
» nant des idées des choses, mais seulement en nous
» faisant penser à celles que nous avons *naturellement.*
» Un sourd-muet, dit le P. Gerdil dans son *Traité
» des caractères distinctifs de l'homme et des brutes,*
» n'a, dit-on, aucune idée de Dieu et de l'ame, ni du
» bien et du mal moral. Soit. Je crois qu'il ne sait pas
» non plus que les trois angles d'un triangle sont égaux
» à deux droits. Que conclure de là, sinon que son
» attention ne s'est pas encore portée à ces objets, et
» qu'il n'a pas fait usage *des idées qu'il a* réellement,
» et qui par de justes applications et quelques consé-

» quences déduites l'une de l'autre, auroient pu s'élever
» jusqu'à la connoissance de la vérité (1) ? Ce n'est pas
» la voix du maître qui imprime dans l'esprit du di-
» ciple l'intelligence des vérités qu'il enseigne. Un
» géomètre qui donne des leçons ne fait que présenter
» à son élève les objets sur lesquels il doit fixer son
» attention ; il l'aide à les démêler, pour qu'il ne
» prenne pas l'un pour l'autre ; mais c'est au disciple
» à voir de lui-même ce qu'on lui met sous les yeux.
» En vain le maître prêcheroit-il le contraire de ce que
» l'écolier a conçu démonstrativement, celui-ci ne l'en
» croiroit pas sur parole ; c'est que la connoissance du
» vrai n'est pas uniquement l'ouvrage de l'instruction.
» L'homme a le plus souvent besoin d'aide pour y
» parvenir ; mais il n'y parvient que par son intelli-
» gence, et c'est par elle qu'il est réellement instruit
» et convaincu. Un géomètre n'auroit point dû être
» étonné de ne pas trouver dans le sourd et muet la
» moindre teinture des élémens de géométrie, et pour-
» tant l'ignorance de ce sourd-muet ne lui auroit jamais
» fait soupçonner que les connoissances géométriques
» dont les hommes s'applaudissent à si juste titre, ne sont
» fondées que sur l'éducation et le préjugé ». De ces
dernières paroles l'auteur tire la conséquence naturelle
qu'on ne peut pas conclure qu'il n'y a ni Dieu dans
l'univers, ni ame dans l'homme, de l'ignorance ou
l'on trouve le sourd-muet sur l'existence de Dieu et
sur celle de l'ame ; et j'ajoute que les idées *naturelles*
du sourd-muet sur les rapports des êtres moraux entre
eux, ou vérités morales et sociales, comme sur le rap-

_____

(1) C'est ce que fit Pascal pour les élémens de la géométrie.

port des êtres physiques, ou vérités physiques et géométriques, ne peuvent, faute de signes qui les expriment,
se rendre *présentes* à son esprit, pour être *présentées* à
l'esprit des autres, et faire ainsi l'objet de sa réflexion et
le sujet de sa conversation, jusqu'à ce que l'instruction
l'introduise dans la société, dépositaire, en quelque
sorte, de toutes les idées, puisqu'elle en conserve, par
la parole et l'écriture, toutes les expressions; et il y a
de quoi s'étonner des questions que firent des savans,
théologiens et autres, à ce sourd-muet de Chartres, qui
recouvra tout-à-coup l'ouïe à l'âge de vingt ans, et
bientôt la parole, dont Condillac parle d'après le
Journal des Savans de 1714, et que M. le cardinal
Gerdil a pris pour sujet des réflexions qu'on vient de
lire. Ces savans lui demandèrent quelles avoient été ses
idées sur Dieu et sur l'ame jusqu'à cette époque. C'étoit
demander à quelqu'un qui n'auroit jamais vu son visage
de quelle couleur sont ses yeux; et il étoit étrange assurément qu'on voulût que cet enfant connût ses idées
lorsque ces idées ne se peignoient à son esprit par aucun
signe, et qu'il *exprimât* pour les autres ce qui n'étoit
pas alors *exprimé* pour lui-même.

Tout ce qui a été dit jusqu'à présent nous a conduit
insensiblement à la fameuse question des *idées innées*,
et nous peut servir à la résoudre.

Écartons d'abord l'expression vague et peu définie
d'*idées innées*, signe de contradiction et de scandale
pour les philosophes modernes, quoique J. J. Rousseau
lui-même l'ait employée, et dans l'acception la plus
scholastique, lorsqu'il dit que l'homme est *né* bon, est
né libre; et disons que les idées sont en nous à la fois
naturelles et *acquises* par les sens; car il n'y a rien

de plus naturel pour l'homme que d'acquérir, de plus naturel à l'*être* que d'*avoir*. Les idées sont *naturelles* en elles-mêmes, *acquises* dans leur expression : *naturelles*, car elles sont en nous, puisqu'elles s'attachent *naturellement* aux mots qui les expriment, et *naturelles* encore, puisque dans l'homme l'action qui lui est naturelle est coordonnée et subordonnée à la faculté d'*idéer*; *acquises*, parce que l'expression qui nous est transmise par les sens nous vient du dehors et de la société. Cette expression revêt, pour ainsi dire, nos idées, en fait un son par la parole, et une image par l'écriture : ainsi exprimées, elle les présente à notre propre esprit, et notre esprit voit sa pensée dans l'expression, c'est-à-dire se voit lui-même (car l'esprit n'est que la pensée), comme les yeux se voient eux-mêmes dans un miroir. Et de même que sans la lumière notre propre corps demeureroit éternellement caché à à nos yeux, nos pensées, sans expression, resteroient à jamais ignorées de notre esprit.

Les vérités, même les plus intellectuelles, ont besoin d'expression pour devenir l'objet de notre croyance. *Fides ex auditu*, dit S. Paul : « la foi vient de l'ouie, » et comment entendront-ils si on ne leur parle » ? parce que l'ouie est dans l'homme le sens propre des idées, comme la vue est le sens propre des images.

Les deux opinions des idées *naturelles* et des idées *acquises* par les sens, sont donc vraies toutes les deux si on les réunit, fausses si on les sépare ; nouvelle preuve de ce que nous avons dit ailleurs, *que la vérité n'est pas dans le milieu comme la vertu*, parce que la vertu consiste à éviter tous les extrêmes, et la vérité à embrasser tous les rapports.

Concluons donc que les hommes ont *naturellement* l'idée de l'être cause universelle, créatrice et conservatrice, non que cette idée soit *innée* dans l'homme moral de la même manière que le besoin de manger et de boire est *inné* ou *natif* dans l'homme physique, mais parce qu'elle est *naturelle* à notre esprit, je veux dire qu'elle entre *naturellement* dans notre entendement, dès que l'expression qui lui est propre, transmise par les sens, vient la *représenter* ou la *rendre présente*, et qu'une fois reçue, elle se coordonne naturellement aux perceptions les plus élevées de notre raison, et dirige nos actions vers le but le plus utile ; ensorte que de toutes les vérités la plus naturelle est la *nécessité* d'une cause qui fait et qui conserve, idée aussi nécessaire à la perfection de l'homme social que les alimens sont nécessaires au soutien de l'homme physique ; idée enfin qu'on ne retrouveroit pas chez tous les peuples, si elle n'étoit pas naturelle à tous les hommes.

Cette cause universelle, présente à l'entendement de l'homme par la parole qui en exprime l'idée, présente à son imagination par les sensations qui résultent des effets qu'elle a produits, présente à son cœur par l'amour ou même par la haine, présente au monde physique par les lois du mouvement, et au monde moral par les lois de l'ordre ; cette cause, développée pour l'intelligence humaine dans tous ses rapports de volonté et de sagesse, d'amour et de bonté, d'action et de puissance, est l'unique raison de tous les rapports qui existent entre les êtres physiques, et qui sont l'univers sensible, et des rapports qui unissent les êtres moraux et forment la société.

Mais, et c'est à dessein que j'insiste sur cette vérité,

cette idée, toute *naturelle* qu'elle est, attend pour luire à l'esprit de l'homme, l'expression qui doit la produire, et elle reste inconnue à l'homme lui-même, jusqu'à ce qu'il ait reçu de sa société avec l'être semblable à lui, cette expression qu'une tradition ou parole héréditaire conserve dans les familles, et qu'une écriture impérissable conserve dans les nations.

Il est donc physiquement et métaphysiquement impossible que les hommes aient inventé l'idée de la divinité ou de la cause générale de tout ce qui est. Car, ou l'inventeur ne se seroit jamais entendu lui-même, s'il avoit inventé le mot avant d'avoir l'idée, ou il n'auroit jamais été entendu des autres, s'il leur avoit adressé des mots auxquels ils n'eussent pu attacher aucune idée. En un mot, une idée sans expression n'est pas une idée et n'est pas, puisque une idée n'est connue, pensée, qu'autant qu'elle est *exprimée* par une parole. Une parole sans idée n'est pas une expression et n'est qu'un son, puisqu'une parole n'est entendue qu'autant qu'elle exprime une idée.

Je finirai par une observation dont je laisse au lecteur à peser l'importance. Les métaphysiciens, et surtout Condillac, appellent du nom commun d'*idées abstraites* les idées *collectives* représentatives de certaines modifications ou propriétés des corps, telles que *blancheur, acidité, fluidité,* etc. et les idées générales représentatives des attributs de l'intelligence infinie, *sagesse, justice, ordre,* etc. c'est-à-dire, qu'ils confondent sous une même dénomination des êtres sans *réalité,* des *êtres de raison,* avec la réalité même de l'être et la raison de tous les êtres. Cependant ces deux opérations de l'esprit ne sont pas du même genre, si

même elles ne sont pas opposées comme le simple et
le composé. En effet, dans l'une, l'esprit considère les
objets physiques d'une manière *collective* et composée
en elle-même, quoiqu'elle paroisse simple dans son
expression, et *blancheur* n'est évidemment que la
collection de tous corps *blancs*, considérés sous la
modification de leur couleur ; dans l'autre, l'esprit
considère dans leur simplicité et leur généralité, leur
infinité, les attributs de l'être intelligence *ordre*, *sagesse*,
puissance, etc., raison de toute société ou de tous les
rapports des êtres entr'eux. *Blancheur* est une *abstraction*, et les corps eux-mêmes ne sont que *contingens*,
pouvant être ou n'être pas : *ordre*, *sagesse*, *puissance*,
etc. sont des vérités *réalisées* dans l'univers et la société,
attributs nécessaires, simples, généraux, infinis de l'être
nécessaire, simple, infini, de l'être général, c'est-à-dire
qui comprend tous les êtres existans ou possibles dans
sa volonté et sous son action ; attributs qui ne seroient
pas moins des vérités, même quand il n'existeroit rien
au dehors de l'Etre suprême, et que ses attributs ne
seroient *ordonnés* que relativement à lui.

Condillac va plus loin. Cette faculté de l'esprit, de
considérer les objets physiques dans leur *collection*, et
l'être simple dans son *unité* ou dans sa *généralité*, a
été regardée avec raison comme l'apanage exclusif de
l'esprit humain, sa plus belle prérogative, et la raison
de ses progrès. « L'homme, dit M. le cardinal Gerdil,
» a seul entre les animaux le pouvoir de former des
» idées abstraites, ainsi que M. Locke en convient ».
Condillac donne dans une opinion diamétralement
opposée. « Ce qui rend, dit-il, les idées générales si
» nécessaires, c'est la limitation de notre esprit » ; et

conséquent à ce principe, il accorde cette faculté aux
brutes. « Les bêtes, dit-il, ont des idées abstraites ».
On ne concevroit pas une pareille contradiction aux
idées reçues, et même à celles de Locke son maître,
si Condillac ne nous l'expliquoit lui-même, en nous
apprenant ce qu'il entend par idées générales. « Ce qui
» rend les idées générales si nécessaires, c'est la limi-
» tation de notre esprit. Dieu n'en a nullement besoin;
» sa connoissance comprend tous les individus, et il ne
» lui est pas plus difficile de penser en même temps à
» tous qu'à un seul ».

Condillac entend donc par *généralité* la collection
des *individualités*, au lieu d'entendre la simplicité et
l'unité de l'être (1). Mais quoi ! cette faculté de considérer le simple ou le général, ces vastes et sublimes
notions d'ordre, de raison, de justice, fondement de
toutes ces théories générales qui rapprochent de l'intelligence divine les intelligences humaines qui les con-
çoivent, ne seroient qu'une preuve de la foiblesse de
notre entendement, et le point par où l'esprit de
l'homme se rapprocheroit de l'instinct de la brute,
l'esprit de l'homme, « qui ne peut, dit Bossuet par-
» lant à l'académie française, *égaler ses propres idées*,
» tant celui qui nous a formés a pris soin de marquer
» son infinité » ! Et l'infini lui-même ne connoîtroit

_____

(1) Je prie le lecteur de réfléchir sur la raison du mot
général, en parlant du chef d'une *armée*; il y verra distincte-
ment la différence du *général* au *collectif*, puisque l'armée est
un corps *collectif*, et que l'*unité* de l'homme qui la commande
s'appelle le *général*. Ce mot, sous cette acception, ne vient
d'aucune langue connue, et il est reçu chez toutes les nations
chrétiennes; il renferme un sens profond.

l'ensemble de son ouvrage que dans les détails, et l'ordre
général ne seroit présent à ses yeux que par nos actions
individuelles, si souvent opposées à tout ordre ! Je sais
que dans les écrits de Condillac, comme dans le plus
grand nombre des écrits philosophiques de ce siècle ,
les conclusions de l'auteur sont très - différentes des
conséquences de ses principes ; mais si l'auteur peut
s'excuser sur ses conclusions, les principes doivent être
jugés par leurs conséquences.

Ainsi, distinguons nettement les idées *collectives* ,
représentatives des modifications *contingentes* de l'être
étendu , des idées *générales* représentatives des attributs *nécessaires* de l'être *simple*. Appelons les unes,
si l'on veut, *idées abstraites* , et les autres, idées
simples ou générales ; et c'est à voir en Dieu ces
idées générales , ou plutôt à voir Dieu même dans
ces idées générales , qu'auroit dû se borner Male-
branche , dont le système, poussé jusqu'à voir en Dieu
même l'*étendue intelligible* , a pris une fausse couleur de *spinosisme* , et a prêté à la censure, et même
au ridicule (1).

_____

(1) Spinosa voit Dieu dans l'étendue, Mallebranche voit
l'étendue en Dieu. La nuance est délicate. Il est vrai que Mallebranche *spiritualise* l'étendue pour ne pas *matérialiser Dieu* ;
mais cette explication ne lève pas la difficulté. Le fonds du
système de ce beau génie, qui honore l'espèce humaine , et
donne une si haute idée de l'intelligence divine , accueilli
d'abord avec enthousiasme en France, où on lisoit alors, et
chez l'étranger, fut combattu par un parti qui ne lui pardon-
noit pas de ne pas partager ses opinions fausses et étroites. Il
ne faut pas croire que ce soit un mérite pour un métaphysicien
d'être , comme Locke et Condillac, sec, froid et triste, ni un
tort d'avoir une imagination vive et brillante comme Platon,
Descartes, Mallebranche , Fénélon et Leibnitz. Mallebranche

Mallebranche considère sur-tout dans ses ouvrages
la volonté générale de l'auteur de la nature, les lois
immuables de l'ordre, la raison essentielle qui éclaire
les hommes, et il va jusqu'à dire : « La volonté qui
» fait l'ordre de la grace est ajoutée à la volonté qui
» fait l'ordre de la nature : *il n'y a en Dieu que ces*
» *deux volontés générales ; et tout ce qu'il y a sur*
» *la terre de réglé dépend de l'une ou de l'autre de*
» *ces volontés.* » Idée vaste, mais incomplète, et qui
ne rend pas l'étendue et la profondeur de ce passage
de St.-Paul, l'abrégé et comme la devise du christianisme : *Instaurare omnia in Christo quæ in cælis*
et quæ in terrâ sunt.

Mallebranche n'entendit donc par l'ordre de la nature, et par l'ordre de la grace, que l'ordre physique,
ou les loix des corps et celles des esprits, considérés
dans la religion seulement ; *et il ne vit que cela de*
réglé sur la terre, comme si, sous l'empire de l'être,
ordre et règle essentielles, il pouvoit y avoir quelque
chose *qui ne fût pas réglé*. Quelle vaste carrière eût
été ouverte à son génie, s'il eût généralisé cette idée,
embrassé la nature morale comme la nature physique,
et porté ses regards, non sur l'ordre particulier de la

lui-même a eu la foiblesse de le croire. Il n'a pas vu que les
opinions métaphysiques, théistes et spiritualistes, vivifient toutes
les facultés de l'esprit ; tandis que les opinions qui mènent à
l'athéisme et au matérialisme les matérialisent toutes ; semblables à ces eaux froides qui pétrifient tout ce qu'on y jette.
Au reste, il faut régler sans doute l'esprit de système, mais
il ne faut pas le condamner. Un système est un voyage au pays
de la vérité : tous les voyageurs s'égarent, et tous découvrent
quelque chose ; et la société, un moment abusée par les erreurs,
profite tôt ou tard des découvertes.

religion, mais sur l'ordre général de la société, qui comprend les rapports de Dieu et de l'homme appelés *religion*, et les rapports des hommes entr'eux appelés *gouvernemens*, *réglés*, les uns comme les autres, par les loix de l'être, pouvoir suprême de tous les êtres? Que de progrès eût fait ce profond méditatif dans la *recherche de la vérité*, si au lieu de consumer ses forces, comme le voyageur égaré dans des sables arides, à pénétrer le *comment*, et la manière d'objets ou d'opérations dont il suffit à l'homme d'idéer la raison, c'est-à-dire, de comprendre *la nécessité*: il eût fait à l'état extérieur de la société religieuse et politique une application *réelle*, historique de la vérité de ses principes; car la *vérité* devient sensible dans la *réalité*, et la *réalité* est, pour ainsi dire, le corps et l'expression même de la *vérité* (1).

Mais, le dirai-je? le genre humain à peine échappé à cette philosophie de mots dont Aristote avoit bercé son enfance, ne faisoit que de naître à la philosophie des idées, et de s'élancer sur les pas de Descartes, dans les routes de l'intelligence; époque des idées qui, par la correspondance nécessaire de la pensée et de la parole, concourut dans le même siècle et chez le même peuple, avec l'époque de la fixation du langage. « Lors-
» que la langue française, dit Bossuet dans le discours
» que j'ai cité tout-à-l'heure, sortie des jeux de l'en-
» fance, et de l'ardeur d'une jeunesse emportée, for-
» mée par l'expérience, et réglée par le bon sens,

---

(1) La vérité doit être même dans la fiction, comme elle doit être par-tout. *Rien n'est beau que le vrai*. La réalité est dans l'histoire. La vérité peut être sans réalité, mais la réalité ne peut pas exister sans vérité.

» sembla

» sembla avoir atteint *la perfection que donne la*
» *consistance* ». Mais l'esprit humain suivit une marche
naturelle ; il étudia les êtres avant d'observer leurs
rapports ; aussi, Descartes prouva Dieu, expliqua
l'homme, et ne considéra pas la société. La nécessité
de lois générales, expression de la volonté de l'être
créateur et conservateur, fut apperçue ; Descartes en
fit l'application au mouvement, et Mallebranche à la
pensée : Newton généralisa les lois du mouvement en
calculant le système universel du monde physique. Osons,
il est temps, généraliser aussi les lois du monde moral, et dans cette RAISON ESSENTIELLE, qui, selon
Mallebranche, se fait entendre à toute intelligence
qui la consulte ; considérons plutôt le POUVOIR SU-
PRÊME, qui, pour régler tous les hommes, a parlé
aux sociétés.

Il a manqué à ces génies immortels d'avoir assisté
comme nous à cette commotion universelle, à ce renversement du monde social, qui, mettant à découvert
le fond même de la société, leur auroit permis d'en
observer la constitution originaire, et les lois fondamentales, semblable à ces tempêtes violentes qui sou-
lèvent l'Océan jusques dans ses plus profonds abîmes,
et laissent voir les bancs énormes de roche qui en
supportent et en contiennent les eaux ; et de même qu'ils
retrouvoient la loi générale du mouvement en ligne
droite naturel à tous les corps mûs, dans l'invincible
tendance à s'échapper par la tangente que conserve
tout corps forcé au mouvement circulaire, ils auroient
vu la loi générale de l'unité fixe de pouvoir distinc-
tement exprimée dans les efforts que fait pour y re-
venir une société, que des évènemens désastreux, ou

R

des systèmes plus désastreux encore, ont jetée hors
des voies de la nature dans les sentiers inextricables
de la variation *du pouvoir*.

Mais il ne faut pas croire que ces puissans esprits
eussent établi une *théorie du pouvoir religieux et
politique* de la société aussi paisiblement qu'ils ont
établi la théorie des lois du mouvement. Descartes
necombattit que des préjugés scholastiques, et Newton
n'eut à dissiper que des tourbillons imaginaires ; une
théorie du pouvoir social attaqueroit des préjugés
religieux et politiques, et elle auroit à lutter contre les
tourbillons des passions humaines, bien autrement en-
traînans que ceux de Descartes : les ouvrages de ces
grands hommes, contredits par des savans, furent ac-
cueillis par les rois, et *la théorie du pouvoir* placée
avec son auteur sous l'anathême d'une proscription
politique, et étouffée par la violence, ne pourroit
obtenir tout au plus que l'honorable suffrage d'un petit
nombre d'hommes vraiment éclairés, qui, forcés au
silence, ne pourroient même pas, par une critique
judicieuse, épurer la vérité au creuset de la contradiction. Et quel eût été, par exemple, le sort d'un ouvrage de ce genre, s'il eût paru en France au temps,
déjà loin de nous, de cette variation infinie, de ce
combat interminable de *pouvoirs*, détruits aussitôt
qu'élevés, de *comités*, de *conventions*, de *législateurs*, de *directeurs* ? et auroit-il resté à son auteur,
contre l'injustice ou la foiblesse des hommes, d'autre
appui que cette conviction impérieuse, je dirois presque tyrannique de la vérité, que rien n'égale en
puissance sur les facultés de l'homme, pas même le fanatisme de l'erreur, ni d'autre consolation que de souffrir
pour la vérité, après avoir vécu pour elle ?

Ces considérations sublimes sur l'ordre social, objet d'une semblable *théorie du pouvoir*, et dont cet *essai* indique les principaux points, seront l'entretien du siècle qui va s'ouvrir, comme les considérations sur l'ordre physique et les recherches sur la nature des corps ont été l'objet principal des études dans le siècle qui finit ; et l'application des lois générales de la société aux réglemens particuliers de l'administration publique fera la force réelle des sociétés, et le véritable bonheur de l'homme. On prie ceux qui pourroient s'étonner du point de vue nouveau sous lequel cet *essai* présente des objets qu'ils n'ont accoutumé de voir que sous une certaine face, ou même qu'ils n'ont jamais considérés, de se tenir en garde contre cette prévention trop ordinaire, qui nous fait penser que ceux qui nous ont précédés ne nous ont rien laissé à découvrir sur certains objets, comme si le temps, qui découvre tout, le temps, qui a marché pour eux, n'avoit pas volé pour nous, et amoncelé dans un point de l'espace et de la durée, plus de matériaux propres à fonder une *théorie* de la société, que les siècles n'en avoient amassé peut-être depuis l'origine des temps et des hommes. « On s'imagine » sans raison, dit Mallebranche, que nos père étoient » plus éclairés que nous. C'est la vieillesse du monde » et l'expérience qui font découvrir la vérité, *Veritas*, » dit S. Augustin, *filia temporis, non auctoritatis* ».

F I N.

TABLE DES MATIERES.

ERRATA.

PAGE 18, *ligne* 4 de la note, chacune, *lisez* chacun.

Page 33, *ligne* 1, existé, *lisez* paru.

Page 35, *ligne* 12, ce, *lisez* et.

Page 47, *ligne* 2, avoit, *lisez* u.

Page 81, *ligne* 5, divisant, *lisez* divinisant.

Page 119, *ligne dernière,* Dussaax, *lisez* Dussaux.

Page 128, *ligne* 2, ils volent, *lisez* ils volent.

Page 142, *ligne* 6, de législation, *lisez* de la législation.

Page 201, *ligne* 7, insépables, *lisez* inséparables.

Texte détérioré — reliure défectueuse

NF Z 43-120-11

Contraste insuffisant

NF Z 43-120-14

www.ingramcontent.com/pod-product-compliance
Lightning Source LLC
Chambersburg PA
CBHW070804270326
41927CB00010B/2282